BIENVENUE DANS LE PARC NATIONAL DE FORÊTS : UN ESPACE À VIVRE

© CÉLINE LECOMTE

Balade à Dancevoir.

Créé en 2019, le Parc national de forêts est le plus récent des parcs nationaux français. Situé entre la Haute-Marne et la Côte-d'Or, il est le seul dans la moitié nord de la France. Singulier, il l'est surtout par ses caractéristiques naturelles, culturelles et paysagères d'exception. Il est l'unique parc national dédié à la protection des forêts feuillues de plaine, mêlant chênes, hêtres, charmes, érables… Ces forêts ont pu se développer et voir les essences d'arbres se diversifier au fil des siècles. Le plateau de Langres et la montagne châtillonnaise, sur lesquels s'étend le Parc national de forêts, se composent de massifs forestiers, prairies, vallons et cours d'eau propices au développement d'une faune et d'une flore remarquables. Parmi le cortège d'espèces recensées, l'emblématique cigogne noire et le chat forestier peuvent y être observés si la chance vous sourit, tout comme le Sabot de Vénus ou la Ligulaire de Sibérie, deux plantes rares et protégées. En plus de ces richesses naturelles, le Parc national de forêts cache aussi des pépites historiques. Un patrimoine culturel, pour commencer, avec par exemple le Musée du Pays Châtillonnais – Trésor de Vix, où le vase éponyme est conservé. Mais pas seulement : les particularités topographiques du territoire l'ont aussi façonné avec de nombreux villages pittoresques chargés d'histoire. De Châteauvillain à Salives, de Châtillon-sur-Seine à Auberive, découvrez un lieu d'exception où nature, culture, gastronomie et artisanats traditionnels se vivent au détour des nombreux sentiers à explorer.

Les établissements surlignés dans le texte sont marqués *Esprit parc national.*

PELLERIN

Cigogne noire.

Vallée du Brévon.

SOMMAIRE

DÉCOUVERTE

VISITE

PENSE FUTÉ

© XAVIER MASSOTTE

Retrouvez cette offre en page 99

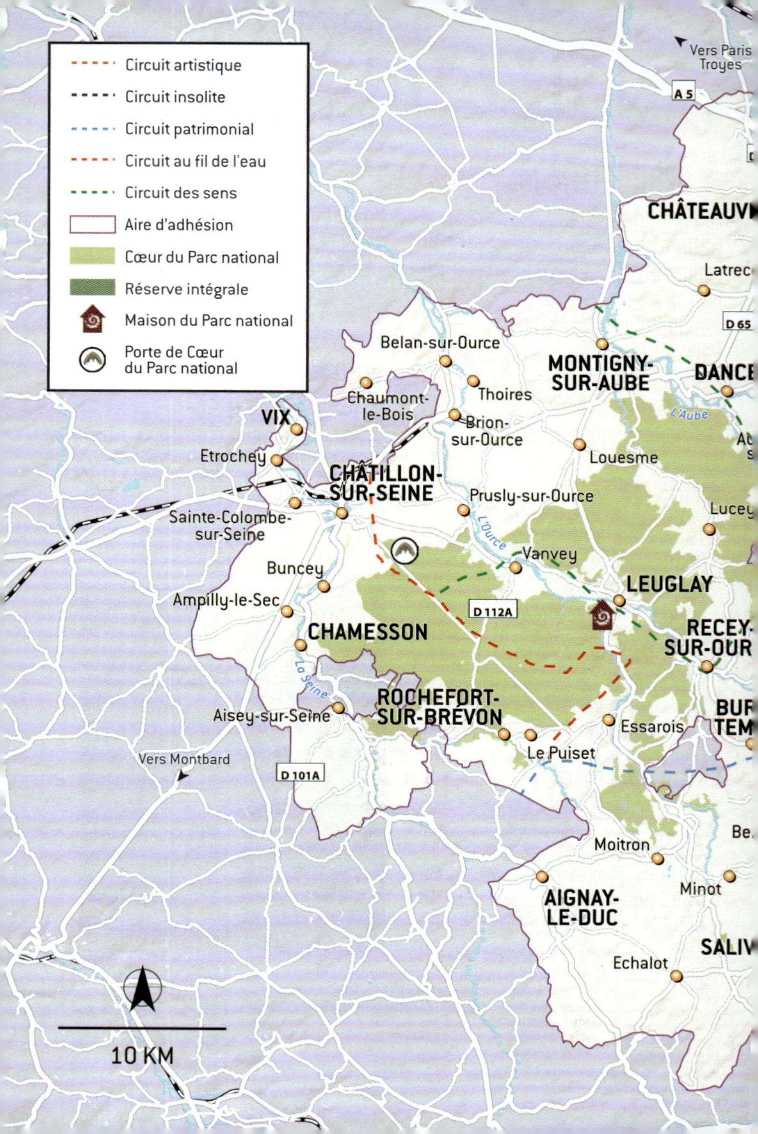

Circuit artistique
Circuit insolite
Circuit patrimonial
Circuit au fil de l'eau
Circuit des sens
Aire d'adhésion
Cœur du Parc national
Réserve intégrale
Maison du Parc national
Porte de Cœur du Parc national
Vers Paris Troyes
A 5
D 65
D 112A
D 101A
Vers Montbard
Belan-sur-Ource
Chaumont-le-Bois
Thoires
Brion-sur-Ource
VIX
Etrochey
CHÂTILLON-SUR-SEINE
Sainte-Colombe-sur-Seine
Prusly-sur-Ource
L'Ource
Vanvey
Buncey
Ampilly-le-Sec
CHAMESSON
La Seine
Aisey-sur-Seine
ROCHEFORT-SUR-BREVON
Le Puiset
Essarois
LEUGLAY
MONTIGNY-SUR-AUBE
L'Aube
Louesme
Latrec
Lucey
Moitron
Minot
AIGNAY-LE-DUC
Echalot
10 KM

Chaumont
ricon
Blessonville
Richebourg
A 5
Villiers-sur-Suize
oupray
Leffonds
Cour-l'Évêque
Aujon
La Suize
La Marne
ARC-EN-BARRDIS
FAVEROLLES
ROLAMPONT
Vers Nancy
Vesoul
Besançon
D 159
D 259
Marac
Giey-sur-Aujon
D 155
Ormancey
Saint-Loup-sur-Aujon
D 199
Langres
Arbot
Rochetaillée
Courcelles-en-Montagne
Noidant-le-Rocheux
Brion-sur-Ource
Rouelles
D 428
Perrogney-les-Fontaines
D 428
AUBERIVE
Aprey
Baissey
AUJEURRES
D 112
D 289
Vaillant
Leuchey
VALS-DES-TILLES
LE MONTSAUGEONNAIS
GRANCEY-LE-CHÂTEAU-NEUVELLE
Rivière-les-Fossés
A 31
Vers Dijon

DÉCOUVERTE

LES IMMANQUABLES

Que voir en priorité quand on séjourne dans le Parc national de forêts ? Pour vous aider à y voir plus clair parmi tous les points d'intérêt, le Petit Futé en a sélectionné 4. Tous présentent des intérêts multiples et peuvent plaire au plus grand nombre. En Haute-Marne, on retrouve la Belle Balade et l'abbaye d'Auberive, tandis que le Musée du Pays Châtillonnais – Trésor de Vix et la Maison de la Forêt sont incontournables en Côte-d'Or. Portant sur des domaines variés, de l'art à la sensibilisation à l'environnement, en passant par le patrimoine bâti, ces quatre lieux exceptionnels résument assez bien ce qui fait la richesse du territoire du Parc national de forêts.

CÔTE-D'OR

Le Musée du Pays Châtillonnais – Trésor de Vix

Situé à Châtillon-sur-Seine, le Musée du Pays Châtillonnais – Trésor de Vix est un incontournable pour ses collections, qui sont représentatives de la richesse historique locale. Ouvert en 2009 dans les bâtiments d'une ancienne abbaye cistercienne, le musée propose au visiteur de plonger dans l'histoire du Châtillonnais à travers la mise en valeur d'œuvres d'art de la Préhistoire au XIXe siècle. Découvrez les œuvres diversifiées du cabinet de curiosités qui regorge d'objets du quotidien des siècles passés. Partez sur les traces du Maréchal Marmont, ami fidèle de l'Empereur Napoléon Ier, qui était originaire de la ville. Contemplez les œuvres d'art représentatives des maîtrises artistiques du Moyen Âge et de l'Ancien Régime. Mais surtout, retrouvez l'une des plus belles collections archéologiques communales de France, avec le fameux Trésor de la Dame de Vix. Daté de 500 ans avant notre ère environ, ce « trésor » fut découvert en 1953 lors de fouilles menées par les archéologues René Joffroy et Maurice Moisson. Cette année-là, les deux hommes découvrent une tombe féminine monumentale dans laquelle le mobilier funéraire est encore intact. Et quelle surprise ! La Princesse de Vix est retrouvée entourée de vaisselle d'origine grecque et étrusque, mais aussi d'artefacts et de bijoux typiquement celtes. Au-delà de l'excellente préservation de la tombe, c'est la fusion entre les cultures méditerranéenne et celtique qui fascine. Œnochoés, cratère et vases à figures noires cohabitent ici avec des torques en or, un char et des fibules. Le Cratère de Vix, ce vase en bronze d'1,64 mètre de haut posé dans la tombe, est par ailleurs le plus grand vase antique grec retrouvé à ce jour. Retrouvez la disposition funéraire d'origine restituée au sein du Musée du Pays Châtillonnais – Trésor de Vix, dans une scénographie moderne et immersive. Explorez les liens

CARTE D'IDENTITÉ DU PARC NATIONAL DE FORÊTS

- **Date de création** : 6 novembre 2019
- **Population** : un peu plus de 25 000 habitants
- **Superficie** : 2 180 km² (218 000 hectares)
- **Siège** : Arc-en-Barrois
- **Maisons du Parc national** : Leuglay, Châteauvillain et des points d'accueil à Auberive, Aignay-le-Duc et Châtillon-sur-Seine
- **Nombre de communes** : 110 communes adhérentes à la Charte sur les 127 qui ont vocation à y adhérer
- **Ville principale** : Châtillon-sur-Seine (5 300 habitants environ)
- **Régions d'appartenance – départements le composant** : Grand Est et Bourgogne-Franche-Comté ; Haute-Marne et Côte-d'Or
- **Point culminant** : Le Haut de Baissey (523 m d'altitude)
- **Cours d'eau** : près de 700 km de longueur cumulée
- **Superficie des forêts** : 113 000 hectares dont 56 000 hectares en Cœur

commerciaux entre le monde celte et les civilisations méditerranéennes et levez le voile sur une période encore mal connue du grand public dans ce musée communal aux collections exceptionnelles. Un conseil : profitez de votre venue à Châtillon-sur-Seine pour visiter le Mont Lassois, à 7 km au nord de la ville. C'est de là que provient le Trésor de Vix. Sur place, une visite libre à l'aide de l'application Princesse de Vix vous plonge 2 500 ans en arrière, au sein d'une ville fortifiée du peuple gaulois des Lingons.

La Maison du Parc national de forêts - Maison de la Forêt

Dans le charmant village de Leuglay, se trouve une pépite à ne surtout pas rater lorsqu'on visite le Parc national de forêts. Il s'agit de la Maison de la Forêt, qui est devenue en 2022 la première Maison du Parc national. Dans cette ancienne ferme de village entièrement restaurée en 2004, vous découvrez un lieu dédié à la compréhension, à la protection et à la valorisation des forêts alentours. La Maison de la Forêt est donc à la fois un lieu de visite, d'expositions, de conférences, d'animations et d'informations touristiques. À l'extérieur, le long de la rivière Ource, vous accédez à un arboretum qui recense une cinquantaine d'essences d'arbres présentes dans le Parc national de forêts. Mais pas uniquement : le jardin abrite la truffière-pilote de Leuglay, un site d'expérimentation scientifique sur la culture de la truffe de Bourgogne en conditions réelles.

Pour percer tous les secrets de cette *Tuber Uncinatum*, il vous suffit de pousser les portes de la Maison de la Forêt où est ouvert depuis 2022 le premier Centre d'Interprétation de la truffe de Bourgogne. Deux salles retracent l'histoire de ce mets prisé des gastronomes, de sa culture à son usage en cuisine de l'Antiquité à nos jours. Instructif et didactique, il complète parfaitement le Centre d'Interprétation de la Forêt, que l'on retrouve dans les mêmes locaux. Ouvert en 2004, ce dernier comprend une exposition permanente qui aborde les grands enjeux liés à la forêt. Comment gérer durablement cette ressource ? Comment l'Homme et le milieu forestier cohabitent-ils ? Quels animaux y vivent ? Autant de questions qui trouvent leur réponse dans la très belle muséographie où vos sens sont mis à contribution. Grimpe d'arbres, randonnées autoguidées par GPS, construction de cabanes et même observation des mammifères forestiers, la Maison de la Forêt regorge d'idées d'activités nature pour vous rendre incollable sur la forêt.

HAUTE-MARNE ★

L'abbaye d'Auberive

Si l'on devait désigner un village représentatif du Parc national de forêts, alors Auberive pourrait bien être celui-ci. Il est entièrement entouré par la forêt et l'Aube, un affluent de la Seine, y prend sa source. Cet aspect enchanteur a certainement joué lorsque Bernard de Clairvaux, célèbre moine cistercien du XIIe siècle, est venu fonder l'abbaye d'Auberive en 1135. Très vite, la petite-fille de Cîteaux se développe et permet à un village de se bâtir aux alentours : c'est la naissance d'Auberive, qui profite du rayonnement de son abbaye pour s'enrichir. Plusieurs fois détruite, au gré des guerres et des pillages, l'abbaye est reconstruite aux XVIIe et XVIIIe siècles dans le plus pur style néoclassique. Classée Monument Historique en 1956 et ouverte à la visite depuis 2005, elle est aujourd'hui la propriété de la famille Volot, qui travaille à lui redonner son lustre d'antan. C'est pourquoi, au-delà de l'ouverture à la visite, l'abbaye d'Auberive abrite aussi un Centre d'art contemporain comprenant une exposition permanente d'art expressionniste figuratif et d'art singulier. Ne manquez pas non plus la nouvelle exposition temporaire, programmée de juin à septembre, et qui se renouvelle chaque année. Vous aimez les spectacles et l'art vivant ? L'abbaye d'Auberive accueille tout au long de l'année des artistes de tous horizons, qui sont invités par l'association Arts et Culture à l'Abbaye d'Auberive (AC2A).

Au programme : des concerts, de la danse ou encore du chant réunissent les amoureux des arts dans un lieu magnifique. Soucieuse de la protection de l'environnement, la famille Volot produit aussi des jus de pommes et poires bio – labellisés *Esprit parc national – forêts* – à partir des arbres fruitiers du verger de l'abbaye. Ce dernier est tout bonnement incroyable, car il abrite depuis les années 1960, 25 essences de pommiers et 10 essences de poiriers rares. Plus qu'un très beau site, l'abbaye d'Auberive est le lieu où le patrimoine historique se confond avec la nature et l'art.

SYLVAIN BOULANGEOT
Responsable de la Maison de la Forêt

« L'histoire de la Maison de la Forêt débute en 1993. Jean Naudet, l'ancien maire de Leuglay, faisait alors un double constat. Le premier était que 50 entreprises à moins de 50 km à la ronde travaillaient dans le domaine forestier ou du bois. Le second était que les enfants ne connaissaient plus la forêt aussi bien que leurs aînés, alors même qu'elle était partout autour d'eux. Jean a alors fondé l'association de la Maison de la Forêt, dont il fut le premier président. Le but était de faire de la pédagogie dans les écoles pour préserver la forêt et la valoriser. En 1998, l'association s'installait dans ses locaux de Leuglay, mais c'est en 2004 que la muséographie actuelle est née. La même année, la Maison de la Forêt m'a recruté pour mon profil qui collait à leurs ambitions. Vosgien d'origine, j'ai passé mon enfance dans les forêts de l'est de la France à suivre mon père qui était bûcheron-débardeur. J'ai ensuite obtenu un BTS gestion et protection de la nature en 2002, puis je suis parti travailler en Camargue, où j'ai sensibilisé les scolaires à la préservation de cet environnement. Depuis cette date, je crée et anime des activités nature pour tous les âges avec mon collaborateur Luc. Notre expérience et notre ancienneté sont des atouts pour le Parc national de forêts, qui n'hésite pas à nous faire confiance dans le cadre de sorties nature et d'animations de sensibilisation à l'environnement forestier. À travers des sorties bénéficiant de la marque *Esprit parc national – forêts*, notre association partage avec le Parc national l'envie de mettre en lumière ce territoire aux richesses insoupçonnées. »

Sylvain Boulangeot.

© SANDRINE MULAS

L'esprit de la forêt par Véronique Matteuidi - La Belle Balade.

La Belle balade

Châteauvillain, Petite Cité de Caractère de 1 500 habitants, cache une promenade singulière. La Belle Balade naît en 2021 d'une collaboration entre le Parc national de forêts et deux associations artistiques castelvillanoises : Simone et Art in Nature. Située près du Parc aux Daims, la Belle Balade traverse le Cœur du Parc national et longe sa Réserve intégrale. Mais qu'est-ce qui la rend si particulière ? En fait, elle propose un parcours de 4 km au sein duquel est disposée 13 œuvres d'art. Réalisées sur place par des artistes Européens, ces œuvres entrent en résonance avec leur environnement pour que la balade se transforme en instant de poésie propice à la méditation. Micro-architectures, sculptures et installations discrètes se côtoient dans la forêt pour vous sensibiliser aux animaux, aux plantes ou aux aléas météorologiques. Notez que des nouvelles œuvres sont régulièrement ajoutées pour enrichir le parcours et renouveler votre expérience. En plus des œuvres d'art à retrouver le long de la promenade, 3 curiosités naturelles et patrimoniales typiques du territoire du Parc national de forêts sont à découvrir. Souilles à sanglier, zones de confection du charbon de bois et anciennes lavières s'intègrent parfaitement dans ces parcours à mi-chemin entre expression artistique et patrimoines naturel et historique. Plus qu'une randonnée pédestre poétique, la Belle Balade souhaite inviter le promeneur à réfléchir à son impact environnemental et au modèle de développement qu'il souhaite pour l'avenir. Suivez la route des Bonshommes jusqu'au Parking Val-Mormant pour débuter la marche. Envie d'une visite aussi singulière que le lieu ? Des bénévoles de l'association Simone, des habitants et des élèves du collège de Châteauvillain organisent des visites commentées !

ANNE-LAURE LEMAIRE
Directrice artistique du tiers-lieu Simone

« En 2015, je cherchais un local pour stocker le matériel de la compagnie de théâtre dont j'étais la metteuse en scène. Dans le même temps, l'usine de bottes Le Chameau fermait définitivement et devenait propriété de la Communauté de communes des Trois Forêts. Ses bâtiments, où la plupart des Castelvillanois avaient un membre de leur famille qui y avait travaillé, étaient inoccupés. Nous y organisons l'été un atelier artistique : une compagnie de São Paulo vient rencontrer les habitants pour écrire et jouer un spectacle qui fédère des personnes de tous horizons. Cette expérience m'encourage à développer des aventures dans cet esprit. Très vite, des habitants nous rejoignent et nous créons ensemble un vide-dressing solidaire, un marché de producteurs locaux et un café associatif. Simone devient une association en 2019 et s'articule autour de trois axes : artistique, lien social et économie expérimentale. Notre objectif est d'encourager les pratiques écoresponsables et les initiatives locales. Notre épicerie propose, par exemple, des produits locaux labellisés *Esprit parc national – forêts*. Sur le plan artistique, nous accueillons des artistes en résidence et travaillons à garantir la pérennité de la création artistique sur le territoire. C'est pour tous ces aspects que nous collaborons avec le Parc national de forêts pour la Belle Balade. Je pense que ce genre d'alliances ouvre de belles perspectives d'avenir pour les habitants du Parc national de forêts. C'est un territoire bien vivant dans lequel les gens savent se fédérer pour mettre en œuvre ce qui leur tient à cœur : Simone en est un bel exemple. »

Anne-Laure Lemaire.

NATURE

La richesse des milieux naturels et la diversité des espèces animales et végétales présentes sur le territoire ont favorisé la création du plus récent des parcs nationaux français, entre la Côte-d'Or et la Haute-Marne. S'y concentrent de nombreuses essences de feuillus, au sein d'une grande superficie boisée, une faune et une flore (extra) ordinaires mais aussi des espèces rares et protégées ainsi que des milieux humides exceptionnels tels que les marais tufeux. Toutes ces particularités naturelles, qui sont liées au climat et au relief, ont été préservées au fil des siècles par les habitants. Ces derniers ont exploité ce territoire unique tout en le sauvegardant, lui permettant ainsi une reconnaissance et un statut d'exception : devenir LE Parc national de forêts !

GÉOGRAPHIE

Les limites du Parc national de forêts n'ont pas été déterminées au hasard. Avant sa création en novembre 2019, une charte a été rédigée pour définir ses limites géographiques et fixer une trajectoire d'action pour ses 15 premières années d'existence. Sur un espace total de presque 2200 km², 110 communes ont adhéré à cette charte afin de porter collectivement un projet de territoire ambitieux en faveur de l'environnement et du développement durable. L'ensemble de ces communes constitue l'Aire d'adhésion du Parc national de forêts. Au centre de cette zone habitée, on retrouve un espace de nature bénéficiant d'une réglementation spécifique et d'une protection renforcée : le Cœur du Parc national de forêts.

▸ Le Cœur du Parc national possède une superficie de 566 km² et se compose à 95 % de forêts, dont la très grande majorité est domaniale ou communale. Accessible au public, le Cœur du Parc national est toutefois régi par une réglementation plus stricte qu'ailleurs. Le but étant de protéger au maximum cet espace préservé au fil du temps et riche de biodiversité. Des panneaux placés en bord de sentiers et de routes vous indiquent lorsque vous y entrez. Depuis 2023, quatre « portes de Cœur » (en forêt domaniale d'Arc-Châteauvillain, en forêt domaniale d'Auberive, en forêt communale de Châtillon-sur-Seine et à l'entrée du marais de Chalmessin) matérialisent cet espace. Ce sont des espaces d'accueil et d'interprétation où l'on trouve des informations sur les particularités de chaque zone, son histoire, sa faune, sa flore... Associant des matériaux locaux emblématiques, elles ont pour vocation la valorisation des patrimoines et l'accueil des visiteurs. Leur architecture unique s'inspire des charbonnières et des cabotes, témoins de l'histoire du territoire.

▸ Au sein du Cœur du Parc national, un espace unique a vu le jour : la Réserve intégrale forestière d'Arc-Châteauvillain.

Avec plus de 3 000 hectares, c'est la plus vaste de France. Dans ce sanctuaire, les chênes, charmes et hêtres se développent librement, offrant un véritable « laboratoire à ciel ouvert » aux scientifiques. Son utilité est double : elle permet aux scientifiques d'observer l'impact du changement climatique sur une zone forestière laissée en libre évolution et elle favorise l'observation des interactions existant entre la faune et la forêt. Zone de nature par excellence, laissant s'exprimer les dynamiques naturelles, elle est soumise à une réglementation particulièrement exigeante afin de limiter durablement l'action de l'homme sur les écosystèmes. Des cheminements ouverts au public permettent les balades pédestres, uniquement sur chemins blancs balisés.

Climat

Le climat du Parc national de forêts est classé comme semi-continental par Météo-France. Il s'agit du climat typique des plaines de l'est de la France où le relief et l'altitude pouvant dépasser 500 m jouent un rôle central. L'écart de température moyenne entre l'hiver et l'été dépasse les 20 °C, ce qui est caractéristique des régions sous influence continentale. Ce climat se caractérise par des hivers rudes, où les gelées sont fortes et fréquentes. Le relief vallonné crée des situations de blocage des brouillards, qui s'accumulent dans les vallées et ont du mal à se dissiper durant l'automne et l'hiver, offrant une ambiance mystérieuse au paysage.

Le printemps et l'été sont par contre très ensoleillés et doux, créant des conditions optimales pour les loisirs en extérieur. Le vent violent est assez rare dans cette région éloignée de la mer, et les précipitations sont de 700 mm par an en moyenne. L'ensoleillement annuel moyen, quant à lui, est très variable selon la position de chaque commune : de 1 700 heures pour les villages en fond de vallée comme Auberive à près de 2400 heures à Châtillon-sur-Seine. Du côté des phénomènes météorologiques notables, les orages sont fréquents et parfois violents en été, tandis que la neige se fait dorénavant assez rare en hiver mais ceci est très variable d'une année à l'autre.

Relief

Parmi les 11 parcs nationaux français, le Parc national de forêts présente des caractéristiques géologiques et paysagères uniques ainsi qu'un relief singulier. Géologiquement situé sur le Plateau de Langres et la montagne châtillonnaise, le Parc national de forêts est constitué de vastes plateaux forestiers culminant à près de 500 m d'altitude, séparés les uns des autres par des vallées agricoles profondes. Au sommet de ces plateaux, les forêts sont denses et anciennes, car elles poussent sur un sol calcaire peu favorable à l'agriculture.

- Sur les coteaux et au pied des pentes douces, la terre change légèrement, passant d'un calcaire pur à des marnes argilo-calcaires propices à la culture de la vigne et à la trufficulture. On y retrouve aussi un paysage composé de petites parcelles agro-pastorales ou de bois.
- Au cœur des vallées, on retrouve quasi-systématiquement un ou plusieurs cours d'eau qui favorisent l'exploitation agricole et l'industrie au sein de ces paysages bucoliques. Ces nombreux cours d'eau, qui possèdent une longueur cumulée de 694 km, ont entaillé le plateau calcaire depuis des millions d'années.

Parmi les plus connus, on peut citer la Seine, l'Aube, l'Ource ou encore la Tille, des cours d'eau qui ont été canalisés par les moines au cours du Moyen-Âge, afin d'en exploiter l'énergie hydraulique. C'est dans le fond de ces vallées, qui forment une plaine, que les villages du Parc national de forêts se sont développés au fil des siècles. Parmi les nombreux villages pittoresques du territoire, Grancey-le-Château-Neuvelle, Bay-sur-Aube, Auberive ou encore Leuglay ont en commun ces paysages vallonnés où l'eau, le sol et les forêts ont joué un rôle moteur dans leur propre développement.

FAUNE ET FLORE

Faune

Plus de 2 200 espèces animales sont actuellement recensées dans le Parc national de forêts. Cette grande diversité a pu voir le jour grâce à l'existence de forêts anciennes sur le territoire et à une bonne gestion forestière. Parmi ces espèces, on retrouve une présence importante des grands mammifères

LES FORÊTS FEUILLUES DE PLAINES : 1RE RAISON D'ÊTRE DU PARC NATIONAL

Les magnifiques forêts du Parc national présentent une très grande diversité d'essences feuillues en raison de la variété des conditions géologiques, pédologiques et climatiques du territoire. Par exemple, on retrouve jusqu'à 15 essences d'arbres différentes à l'hectare dans le Parc national de forêts, contre 5 ailleurs en France.

Le hêtre et le chêne, les plus abondants du territoire, trouvent ici des conditions pédologiques, géologiques et climatiques idéales pour croître. Leur surveillance accrue par les hommes au fil des siècles a aussi permis de les conserver et de favoriser leur développement, ce qui aboutit aujourd'hui à la présence d'arbres centenaires en très bonne santé. Véritables bassins de vie pour la biodiversité locale, ces arbres sont également accompagnés des autres essences typiques des plaines de France. Merisiers, trembles, aulnes, frênes, charmes, alisiers, érables ou bouleaux sont présents en grand nombre dans les forêts du Parc national. Comme partout dans notre pays, on peut également trouver quelques résineux comme le douglas ou le pin sylvestre qui ont bien souvent été introduits pour les besoins humains en matière de construction.

Des ateliers pédagogiques et des promenades en forêt organisés par les équipes du Parc national de forêts et ses partenaires permettent au grand public de reconnaître les différentes essences d'arbres et d'être sensibilisés à leur protection.

LES MARAIS TUFFEUX, RICHESSE PATRIMONIALE DU TERRITOIRE

Savez-vous ce qu'est un marais tufeux ? Dans certains marais, le contexte géologique favorise la formation de tuf, une roche légère résultant de la fixation du calcaire autour des mousses.
Dans ces sites naturels, l'eau qui s'infiltre dans le sol se gorge de calcaire et crée une source ou une résurgence qui induit une réaction chimique unique. En entrant en contact avec les mousses présentes à la surface, le calcaire précipite et forme un dépôt solide. Le tuf est créé ! Ce phénomène naturel a commencé il y a environ 10 000 ans sur le Plateau de Langres, et continue à se produire de nos jours.
Une singularité qui peut prendre la forme spectaculaire de cascades constituées d'un empilement de vasques. Le territoire du Parc national de forêts compte 200 marais tufeux, ce qui en fait la plus grande concentration en France. Parmi les plus connues : la tufière de Rolampont (la plus grande de l'est de la France), le marais de Chalmessin à Vals-des-Tilles (ancienne réserve naturelle nationale) ou encore le marais des Brosses. La conservation de ce milieu unique fait partie des missions prioritaires inscrites dans la Charte du Parc national de forêts.

© MARGAUX LION

Tufière de Rolampont.

ongulés, comme le chevreuil, le cerf et le sanglier.

Au-delà de ces animaux représentatifs d'une forêt française, les forêts du Parc national abritent tout un cortège de mammifères de petite taille tels que les martres, les blaireaux, les renards, les hérissons, les écureuils et plusieurs espèces de chauve-souris. On retrouve aussi des espèces moins communes, comme le chat forestier qui témoigne de la bonne santé du milieu forestier local.

Sitelle torchepot.

Outre les mammifères, une grande diversité d'oiseaux s'épanouit dans le Parc national de forêts. Les pics, comme les pics-épeiches et les pics-verts, sont nombreux, tout comme les rapaces tant diurnes que nocturnes. Milan royal, buses, mais aussi hiboux et chouettes, dont la très célèbre chouette effraie, sont des oiseaux de proie que l'on peut facilement croiser. Parmi tous ces oiseaux, figure aussi la cigogne noire, qui trouve une nourriture de grande qualité dans les cours d'eau du Parc national et des arbres de grande taille idéaux pour leur nidification. Cette cousine de la cigogne blanche mesure entre 1,45 m et 1,55 m de haut pour un poids de 3 kg à l'âge adulte. Le Parc national de forêts fait office de refuge pour cette espèce, dont environ 10 % des individus visibles en France se concentrent ici. Espèce emblématique du territoire, elle fait l'objet d'un important programme de suivi et de conservation.

Plusieurs espèces d'amphibiens peuplent ses plans d'eau, marais et zones humides : grenouilles, tritons, salamandres... Plus difficile à apercevoir, le sonneur à ventre jaune, avec ses pupilles en forme de cœur, est également présent.

On retrouve aussi des reptiles (couleuvre, lézard...) et une multitude d'insectes, d'araignées, de mollusques dont le célèbre escargot de Bourgogne mais aussi un crustacé qui se fait malheureusement de plus en plus rare : l'écrevisse à pieds blancs. Parmi les nombreuses espèces de papillon, une espèce fragile et en voie de disparition en France est présente au sein du Parc national de forêts : le Damier du Frêne. Sa rareté lui vaut d'ailleurs d'être étudiée par des scientifiques et des conservateurs pour favoriser sa préservation.

Flore

Le Parc national de forêts est aussi un territoire favorable au développement d'une flore variée et abondante, typique des régions aux sols calcaires. Au total, 1 700 espèces sont répertoriées au sein du Parc national dont arbres, arbustes, fleurs, herbacées, mousses, lichens...
Parmi les fleurs les plus remarquables figurent le spectaculaire Sabot de Vénus, qui est la plus grande orchidée d'Europe. On peut aussi citer deux espèces reliques des périodes glaciaires qui ont su survivre dans une période plus chaude et qui sont des « curiosités » : le Lys martagon et la Ligulaire de Sibérie.
Du côté des arbustes, le noisetier est omniprésent dans les forêts du Parc national, mais on peut croiser tout aussi facilement des troènes et des cornouillers dont les artisans vanniers font de très beaux objets. Enfin, les herbacées, qui se plaisent sur les sols calcaires très pauvres, s'épanouissent dans les pelouses sèches et participent à l'identité des paysages du Parc national de forêts.

ROMARIC LECONTE
Un chargé de missions passionné de nature

« Préserver la nature et les paysages, faire un métier utile pour la société, c'est ce qui m'a incité à faire un BTS gestion et protection de la nature. Ensuite, les rencontres de naturalistes passionnés, désireux de transmettre, m'ont conforté dans mon choix. En 2002, j'ai intégré le Conservatoire d'espaces naturels de Champagne-Ardenne en tant que chargé de missions. À l'époque, j'avais notamment été recruté pour gérer le marais de Chalmessin, l'un des marais tufeux les plus importants du Plateau de Langres. La protection d'espaces naturels exceptionnels est toujours mon cœur de métier, mais aujourd'hui je le fais en partenariat avec les équipes du Parc national de forêts. Sa création en 2019 a d'ailleurs dynamisé la conservation de nombreux sites et espèces d'exception. À l'heure actuelle, nous travaillons par exemple sur le Damier du frêne, un papillon en voie de disparition en France, mais encore bien présent dans le Parc national. Après avoir cartographié la répartition de l'espèce sur le territoire, nous tentons de mieux comprendre ses besoins. C'est ensuite un travail de vulgarisation auprès des habitants, des élus et des forestiers pour faire en sorte que la gestion forestière soit compatible avec la conservation de cette espèce. Pour moi, l'existence du Parc national de forêts nous oblige à être meilleurs, plus rigoureux et nous incite à travailler encore plus avec les autres acteurs du territoire. Je suis persuadé que nous pouvons expérimenter ici de nouvelles façons de vivre avec la nature, et donner envie à d'autres de nous imiter. En tant que naturaliste, c'est un privilège de vivre au sein d'un territoire aussi riche et préservé que le Parc national de forêts. »

Romaric Leconte.

ÉCONOMIE

Le milieu forestier étant le fondement du Parc national de forêts, il est naturel de retrouver une économie centrée autour de celui-ci sur le territoire. La filière forêt-bois représente ainsi plus de 400 emplois à temps plein, tandis que l'agriculture occupe près de la moitié de la surface du Parc national. On dénombre environ 550 exploitations agricoles partageant leurs activités entre élevage, maraîchage, viticulture et grandes cultures. Avec la création du Parc national en 2019, le tourisme connaît lui aussi un nouvel élan, qui devrait se développer au fil du temps : un territoire accessible et partagé, offrant de nombreuses expériences qui éveillent les sens, entre émerveillement, découverte, évasion et détente. Un site de déconnexion idéal pour les visiteurs privilégiant un tourisme plus responsable, respectueux de l'environnement et du patrimoine local. Entre exploration des lieux à travers les mobilités douces et la visite de sites historiques, artistiques et patrimoniaux d'envergure nationale, le Parc national de forêts est une vraie opportunité pour dynamiser l'économie locale. Le Parc national de forêts abrite une faune de grands mammifères ongulés importante. Cerfs, chevreuils et sangliers peuplent les forêts depuis plusieurs siècles, faisant de la chasse une pratique traditionnelle et historique sur le territoire.

RESSOURCES NATURELLES

Les ressources naturelles sont particulièrement abondantes. Elles sont les fruits de ces forêts anciennes, des cours d'eau d'excellente qualité et de la nature du sol.

On retrouve tout d'abord des ressources issues de la biomasse végétale comme évidemment le bois qui permet les activités de sylviculture, production de bois de construction d'œuvre ou de chauffage…

Terre d'eau, le Parc national de forêts compte 700 km de cours d'eau. Appelé parfois « château d'eau de la France » en raison de son importante masse d'eau souterraine, le plateau forestier langrois est situé en tête de deux grands bassins hydrographiques : celui de la Seine et celui de la Saône. Autrefois liée à l'essor des forges sur le territoire, l'eau est aujourd'hui utilisée de manière raisonnée par les pépinières forestières et les activités agro-pastorales, mais également comme source d'énergie hydraulique ou hydro-électrique par certains établissements d'artisanat et d'art.

Parmi les ressources minérales ou géologiques, il existe plusieurs sites d'extraction de granulats pour fournir l'industrie en matières premières. Mais la ressource la plus emblématique du territoire est sans conteste la pierre de Bourgogne, que l'on retrouve naturellement dans le Châtillonnais. Plusieurs carrières de cette pierre calcaire utilisée dans la construction et la décoration intérieure ou extérieure sont ouvertes à Ampilly, Chamesson ou Montmoyen.

AGRICULTURE

Les pratiques agricoles que l'on retrouve dans le Parc national de forêts sont liées à l'occupation du territoire depuis plusieurs siècles. Situé sur le Plateau de Langres et la montagne châtillonnaise, le Parc national est une « zone intermédiaire » au sens agricole du terme. C'est-à-dire qu'il ne s'agit ni d'une grande plaine, où la culture céréalière est majoritaire, ni d'une zone montagneuse où se pratique surtout l'élevage. Le Parc national de forêts est à mi-chemin entre ces deux pratiques. On y trouve donc des exploitations agricoles qui cultivent surtout du blé tendre, du blé dur et de l'orge, mais aussi parfois du sarrasin et des lentilles vertes. Les vergers de pommes et de poires, qui restent peu présents sur le territoire, permettent tout de même la fabrication de jus de fruits réputés et notamment à partir de variétés anciennes. Les fermes d'élevage, où les vaches laitières et allaitantes cohabitent, sont à proximité de pâtures et de prairies présentant d'excellentes qualités nutritionnelles. Depuis quelques années, l'élevage ovin et caprin réapparaît progressivement, après avoir été majoritaire jusqu'au XIXe siècle dans la région. On trouve ainsi de plus en plus de fromages de brebis ou de chèvre, et d'autres produits transformés. Moins connue du grand public, mais bénéficiant d'une reconnaissance nationale pour la qualité de ses crus, la viticulture occupe une place centrale dans deux sites du Parc national de forêts.

DÉCOUVERTE

Autour de Châtillon-sur-Seine, le célèbre crémant du Châtillonnais (AOC) est l'un des principaux pourvoyeurs d'emplois. Le Muid Montsaugeonnais et ses 17 références à partir de 4 cépages, montrent que la Haute-Marne possède aussi un certain savoir-faire vinicole en dehors de l'appellation « champagne ». S'adaptant continuellement aux conditions économiques, techniques et climatiques, cette agriculture de zones intermédiaires fait actuellement face au défi de la transition agroécologique. Le Parc national, via la mobilisation de ses partenaires scientifiques, techniques et financiers, accompagne et soutient ces transitions. Il s'agit notamment de soutenir les activités de polyculture élevage, la protection et la connaissance des prairies permanentes, la création de corridors écologiques ou d'agroforesterie...

INDUSTRIES

La première industrie en termes d'emploi est la filière forêt-bois qui compte à l'heure actuelle plus de 400 emplois à temps complet au sein du Parc national de forêts. La gestion forestière, traditionnellement axée sur le bois d'œuvre, s'oriente maintenant vers une gestion intégrant durabilité et biodiversité. Au total, ce sont près de 300 000 m^3 de bois qui sont récoltés chaque année, valorisés en bois d'industrie ou de chauffage.

Grâce à son relief accessible et un réseau dense de desserte, le Parc national de forêts joue un rôle clé dans cette exploitation. L'affouage, qui consiste pour les habitants à aller trouver leur bois de chauffage dans les forêts communales, est courant sur le territoire, et plus largement en Bourgogne-Franche-Comté.

Aujourd'hui plus que jamais, la filière forêt-bois est essentielle à l'économie du Parc national. Les débouchés professionnels sont nombreux et diversifiés, allant des pépiniéristes aux charpentiers, sans oublier les artisans vanniers ou les bûcherons-débardeurs. Certaines entreprises locales, comme les pépinières Naudet ou la société Brugère, spécialisée dans la fabrication de contreplaqué, témoignent de l'importance historique et économique du secteur.

Le Parc national de forêts s'engage depuis 2019 à conjuguer protection de la biodiversité et exploitation forestière durable. Pour y parvenir, les équipes du Parc national s'appuient sur des pratiques innovantes. Le but étant de devenir un modèle de gestion résiliente, conciliant conservation, loisirs et production pour faire face aux défis environnementaux et climatiques.

L'ambition du Parc national de forêts est de développer avec les acteurs de la filière forêts-bois un modèle plus vertueux que ce qui se fait de mieux dans le reste du territoire national. Parvenir à une gestion forestière et une valorisation du bois respectueuses des patrimoines est une priorité. Le soutien à l'ensemble de la filière fait l'objet d'une attention particulière du Parc national avec une volonté affichée d'accroître sa résilience face aux changements globaux actuellement à l'œuvre.

SOPHIE, THIBAUT SALLOIGNON ET LEURS 3 ENFANTS

ont repris la ferme familiale

« Le GAEC de Conclois naît en 2016, lorsque je reprends la ferme de la famille de Thibaut. Dès le début, j'élève des brebis laitières au sein de notre ferme de 130 ha et j'y crée un atelier de transformation. Puis Thibaut me rejoint en 2018 et, ensemble, nous développons une gamme de produits transformés vendus en circuit court. Nous produisons donc une gamme élargie de produits à partir du lait de nos brebis. Tommes, fêta, fromage blanc, yaourts et même tartinades sont vendus sur 3 marchés dans un rayon de 20 km. Cette vente locale en direct participe à la concrétisation de nos valeurs écologiques et économiques. À notre échelle, nous recherchons une autonomie alimentaire pour ne plus dépendre des intermédiaires et proposer des produits locaux aux habitants des environs. Nous menons aussi une réflexion globale sur notre impact écologique et le bien-être animal. Notre système d'élevage est réfléchi entièrement en ce sens, c'est pourquoi, nos agneaux sont élevés sous la mère et nous conduisons notre brebis grâce à un système de pâturage régénératif, sur plus de 10 mois de l'année. Nous mettons en place des solutions en agroforesterie et replantons des haies pour favoriser la biodiversité et créer des puits de carbone. Nos panneaux solaires fournissent l'électricité pour nos activités et nos véhicules électriques. À ce titre, la création du Parc national de forêts a été un vrai boost de motivation. Ses équipes, qui partagent nos valeurs environnementales, nous ont permis d'obtenir la marque *Esprit parc national – forêts* et de rencontrer d'autres habitants du territoire. »

© CÉLINE LECOMTE - OFB

Sophie, Thibaut Salloignon et leurs enfants.

Outre cette filière sylvicole artisanale, il reste quelques rares industries métallurgiques dans le Parc national de forêts, ainsi que des carrières de pierre de Bourgogne dans le Châtillonnais. Ces activités traditionnelles soulignent combien les habitants du Parc national de forêts sont liés à leur territoire et à ses ressources naturelles. Bien souvent, les activités professionnelles découlent de ce que le sol recèle ou de ce que la forêt abrite.

TOURISME

L'offre touristique du Parc national de forêts s'articule autour de plusieurs thématiques : les activités en pleine nature et les mobilités douces, le patrimoine bâti et culturel, l'archéologie ainsi que le tourisme œnologique et gastronomique.

Forêts obligent, le Parc national est un terrain idéal pour pratiquer la randonnée. Les passionnés de randonnées pédestres, cyclistes ou équestres trouvent leur bonheur le long des 600 km de sentiers et 40 circuits pédestres en boucle balisée disponibles sur le territoire. Le GR2, le GR7 et la célèbre *Via Francigena* traversent le Parc national de forêts, mais ce dernier compte aussi des boucles et petites promenades. Le Parc national de forêts s'emploie à favoriser le développement d'un tourisme durable en créant, par exemple, « Le Grand Cœur » : un itinéraire de randonnée équestre (avec ou sans attelage) et VTT. 250 km de sentiers sont ainsi destinés à l'offre d'itinérance et de découverte du territoire par les mobilités douces, auxquels s'ajoute le GR de Pays « Chemin de la Belle Étoile – Tour du Parc national de forêts » de 230 km.

Parmi les sites touristiques de premier plan, le Musée du Pays Châtillonnais – Trésor de Vix attire près de 20 000 visiteurs par an. Niché dans l'ancienne abbaye Notre-Dame de Châtillon-sur-Seine, ce musée est l'écrin d'une collection archéologique de premier ordre. Riche de son histoire quasi-millénaire sur les bords de l'Aube (fondée en 1135), l'abbaye cistercienne d'Auberive est également incontournable. Il ne faut pas non plus oublier les nombreux vestiges du passé Templier du Parc national de forêts, avec plusieurs chapelles, églises et Commanderies templières encore bien conservées. Pour les découvrir, rendez-vous entre les villages bien-nommés de Bure-les-Templiers et de Voulaines-les-Templiers.

D'un point de vue plus général, le tourisme prôné par le Parc national de forêts se veut écoresponsable, avec une mise en avant des initiatives locales et en encourageant les pratiques durables. Séjourner dans le Parc national devient alors une occasion de participer activement à la conservation des patrimoines et à la préservation de sa biodiversité. Des sorties nature, qui vous sensibilisent à la fragilité des milieux naturels, aux événements artistiques, qui incitent à une réflexion globale sur notre impact environnemental, le Parc national vous donne les clés pour comprendre le territoire et agir pour le préserver.

ESPRIT PARC NATIONAL – FORÊTS : PARTAGE, AUTHENTICITÉ ET ÉCONOMIE LOCALE

Portée collectivement par les parcs nationaux de France et l'Office français de la biodiversité (OFB), *Esprit parc national* est une marque inspirée par la nature, valorisant un engagement fort en faveur de la préservation de l'environnement et l'envie de partager. Déployée depuis 2020 au Parc national de forêts, ce label rassemble une cinquantaine d'acteurs économiques du territoire qui possèdent tous des valeurs communes et sont de véritables ambassadeurs du Parc national de forêts et de ses valeurs. Ils possèdent un savoir-faire qui s'inscrit dans un processus écologique fort, favorisent la préservation de l'environnement et ont envie de partager leur savoir-faire avec tous les curieux. Ce réseau dynamique d'acteurs locaux propose aussi bien des services touristiques que des produits du terroir ou des créations artisanales.

- Découvrez les gîtes et chambres d'hôtes traditionnels, restaurés avec des matériaux locaux dans le respect des traditions locales, ou les hébergements insolites au sein desquels le lien avec la nature est omniprésent.
- Explorez les grands espaces le temps d'une initiation à la grimpe d'arbres. Partez en immersion dans les forêts du Parc national afin de reconnaître les différentes essences d'arbres ou apprenez tout ce qu'il y a à savoir sur les animaux qui les peuplent. Immersion dans un cabinet de curiosité, visite de vergers-potagers dans le parc d'un château ou découverte d'un atelier de fabrication de fleurs d'art dans un moulin à eau sont autant de possibilités qui s'offrent à vous.
- Utilisant les ressources naturelles du Parc national de forêts, les artisans emploient des matières premières durables et écologiques. Découvrez des vanniers, teinturiers, menuisiers ou encore tourneurs sur bois, dont les créations rivalisent de minutie et d'élégance.
- Miels, jus de fruits, produits à base de lait de chèvre et de brebis, céréales et farines ou encore fruits et légumes sont travaillés avec passion au sein du Parc national de forêts. Découvrez des produits savoureux labellisés *Esprit parc national – forêts*, gage de pratiques agro-pastorales respectueuses de l'environnement et durables

© CÉLINE LECOMTE - OFB

HISTOIRE

Le Parc national de forêts, dont l'emprise court sur 2 régions et 2 départements, pourrait avoir une histoire morcelée entre la Champagne, au nord, et la Bourgogne, au sud. Au contraire, le sud de la Haute-Marne et le nord de la Côte-d'Or partagent une histoire commune, qui se vérifie encore aujourd'hui à travers l'homogénéité paysagère et patrimoniale du Parc national. Alors que les vestiges de la période préhistorique sont clairsemés, les traces de l'occupation antique deviennent plus nombreuses. Plusieurs sites archéologiques incontournables pour la compréhension de cette période se situent d'ailleurs dans le Parc national de forêts. Mais ce sont les périodes médiévale et moderne, avec les abbayes, les châteaux puis les industries, qui ont laissé le plus important patrimoine bâti sur le territoire. En explorant l'histoire du territoire, vous comprendrez comment l'action de ses habitants sur plusieurs millénaires a modelé le Parc national de forêts tel qu'on le connaît maintenant.

Moyen-âge

Avant le Xe siècle, les fermes de petite taille sont majoritaires, tandis que les grandes abbayes commencent à se développer aux XIe et XIIe siècles. C'est à ce moment que l'abbaye d'Auberive voit le jour, et que les bourgs principaux actuels se développent. Châteauvillain, Châtillon-sur-Seine et même Arc-en-Barrois prennent leurs noms actuels à cette époque. L'Ordre du Temple connaît lui aussi une rapide expansion au cours du XIIe siècle, et achète de nombreuses terres entre Champagne et Bourgogne. Voulaines-les-Templiers, Bure-les-Templiers ou encore Mormant sont des fiefs templiers passés ensuite aux mains des Hospitaliers. Les vestiges de cette époque nimbée de mystères sont nombreux : l'église de Bure-les-Templiers recèle encore des pierres tombales templières, tandis que la Maison-Dieu de Mormant est toujours debout. Tous ces vestiges médiévaux, des remparts de Châteauvillain aux églises, qui trônent au centre des villages, participent pleinement au charme pittoresque du patrimoine du Parc national de forêts.

De la Renaissance à la Révolution

L'époque Moderne, de la Renaissance à la Révolution française, a laissé quelques beaux exemples d'architecture sur le territoire. Le château de Montigny-sur-Aube montre que les châteaux ne servent plus à se défendre et s'embellissent. Les maisons urbaines, elles, empruntent le vocabulaire architectural hérité de l'Antiquité, comme à Arc-en-Barrois et à la maison Philandrier de Châtillon-sur-Seine. Les églises sont souvent modernisées, comme à Voulaines-les-Templiers où on lui ajoute un porche à colonnades. Quant aux abbayes, elles sont souvent reconstruites aux XVIIe et XVIIIe siècles dans le plus pur style Classique. Auberive ou celle du Val des Choues en sont de parfaits exemples. Sur le plan de la gestion de la nature et l'exploitation

© LIONEL LOURDEL

Le château de Montigny-sur-Aube.

forestière, de grands changements sont opérés. L'Ordonnance sur le fait des Eaux et des Forêts de 1669, rédigée par Colbert pendant le règne de Louis XIV, ordonne une gestion forestière favorisant la pousse des chênes et des hêtres pour en faire plus tard du bois de marine. C'est à cette période que les grandes forêts de feuillus commencent à ressembler à celles que nous connaissons actuellement. Devenues plus grandes et plus denses, elles abritent des animaux de grande taille qui sont régulés par la chasse.

De la Révolution au XXIe siècle

Dans le sillage de la Révolution française, les anciennes abbayes et les châteaux sont revendus à des propriétaires privés fortunés. Le paysage, partagé entre terres cultivées et traditions d'élevage, n'est quant à lui que peu bouleversé. Il faut attendre la révolution industrielle du XIXe siècle pour y voir de vrais changements. Le chemin de fer arrive : c'est la construction des gares et le développement des charbonnières, qui servent à faire du charbon de bois. Les usines, notamment métallurgiques, connaissent leur apogée à la même période, et deviennent la première source d'emploi dans des villes comme Châtillon-sur-Seine. L'exploitation de la forêt atteint une cadence industrielle à la fin du XIXe siècle, et le bois est aussi bien utilisé comme bois d'œuvre que comme combustible exporté dans toute la France. Cette période décline après la décennie 1970, qui coïncide avec la désindustrialisation de la France. Depuis, la filière bois s'est transformée et l'agriculture est repassée devant les usines métallurgiques en nombre d'emplois. Aujourd'hui, le Parc national de forêts est donc l'héritier du lien entre l'homme et la nature, un territoire à la fois riche en biodiversité et modelé par ses habitants au fil des derniers millénaires.

PATRIMOINE ET TRADITIONS

PATRIMOINE ARCHITECTURAL

Villes et villages

En traversant le Parc national de forêts, on plonge dans une ambiance rurale parsemée de villages pittoresques. On ne compte en fait qu'une seule ville au sein de l'Aire d'adhésion du Parc national, à savoir Châtillon-sur-Seine et ses 5 300 habitants. Le territoire est peu densément peuplé avec en moyenne 11 habitants/km² pour un total d'un peu plus de 25 000 âmes qui y vivent. Cette ruralité se vérifie très bien dans le patrimoine bâti du Parc national, qui se compose d'édifices représentatifs des campagnes françaises. Églises, fermes anciennes, granges, lavoirs et ponts en arc se rencontrent fréquemment au détour d'une rue ou d'un sentier. Construits en pierres de taille, pour les ouvrages les plus majestueux, ou en moellons de calcaire pour la plupart d'entre eux, ces édifices ont bénéficié de matériaux de construction locaux. Bien préservés depuis plusieurs siècles, les bâtiments sont ainsi les témoins d'habitudes de vie pluriséculaires et de savoir-faire locaux.

La construction de toitures « en laves » est certainement la technique de couverture la plus traditionnelle du Parc national de forêts. Contrairement à ce que suggère sa dénomination, il ne s'agit pas d'une couverture utilisant des matières d'origine volcanique. Les « laves » sont des roches sédimentaires calcaires qui se sont formées par couches fines successives durant plusieurs millions d'années. Exploitées dans des carrières appelées lavières, ces pierres se récupèrent en couches fines, un peu comme les lauzes et les ardoises. Pendant plusieurs siècles, elles furent utilisées pour concevoir des toitures à moindre coût pour tous types de bâtisses : chapelles, châteaux, fermes, etc. De nos jours, la préservation des derniers toits en laves du Parc national de forêts est une priorité patrimoniale.

Châteaux

Le Parc national de forêts compte plusieurs dizaines de châteaux construits aussi bien au Moyen Âge que durant l'Ancien Régime et même pendant la période industrielle. Certains sont en ruines, comme par exemple à Châtillon-sur-Seine, tandis que d'autres ont été réhabilités en hôtels ou en gîtes de caractère. Privés ou publics, les châteaux disséminés dans le Parc national reflètent l'évolution politique du territoire et des usages. Un certain nombre fut par exemple construit aux XVIIe et XVIIIe siècles pour loger les seigneurs qui venaient chasser sur leurs terres. D'autres permettaient aux plus fortunés de bénéficier d'un pied-à-terre à la campagne, notamment au XIXe siècle. D'autres encore faisaient office de résidence principale pour les entrepreneurs ayant fait fortune. Les plus emblématiques, dont fait partie le château de Montigny-sur-Aube, avec ses vergers-potagers et son expertise de l'art de l'espalier, sont devenus aujourd'hui des exemples de mariage réussi entre patrimoines naturel et historique. Dans un autre registre mais tout aussi remarquable, le château de Courban, situé dans la partie ouest du Parc national, est également un site chargé d'histoire, aujourd'hui devenu Hôtel Spa et restaurant gastronomique.

Architecture religieuse

L'architecture religieuse du Parc national de forêts est représentative des courants stylistiques qui se sont succédés au cours de l'histoire de France. Le style Roman se remarque entre autres à Leuglay, mais aussi à Châtillon-sur-Seine à travers l'église Saint-Vorles, tandis que l'art gothique peut être admiré dans l'église Saint-Martin d'Arc-en-Barrois.
La Renaissance n'est pas en reste avec la très belle chapelle du château de Montigny-sur-Aube, où le vocabulaire architectural antique impressionne. Pour comprendre les styles Classique et Néoclassique, rendez-vous dans les abbayes du Parc national de forêts, souvent rebâties au XVIIIe siècle. L'abbaye d'Auberive et l'abbaye du Val des Choues sont incontournables pour admirer ces deux courants français importants.

TRADITIONS ET MODES DE VIE

Dans le Parc national de forêts, les traditions anciennes ont toujours un lien avec les milieux naturels environnants. Les habitants de ses jolis villages, en fins connaisseurs des espèces locales, ont conservé l'habitude de cueillir les champignons présents en abondance sur le territoire. Girolles, morilles et cèpes sont ramassés depuis la nuit des temps avec une limite de cueillette fixée à 5 litres par jour et par personne (comme c'est le cas au niveau national). Ce qui laisse largement de quoi se régaler ! Au printemps, il n'est pas rare de voir les amateurs de fleurs arpenter les forêts pour cueillir quelques jonquilles ou du muguet qui poussent naturellement dans les forêts du Parc national. La chasse est traditionnellement présente sur le territoire : certaines forêts sont réputées et des évènements locaux y sont dédiés.

Une autre tradition, très ancrée dans le Parc national de forêts mais peu connue à l'échelon national, est l'affouage. Chaque année en automne ou en hiver, les résidents des villages ont le droit d'aller chercher leur bois de chauffage dans les forêts communales. Le gros bois est vendu par la commune, tandis que le petit bois est partagé entre les affouagistes, seules personnes autorisées à transformer le bois en bûches. Cette tradition permet aux ménages de récupérer du bois de chauffage à moindre coût.
La pêche, pratiquée dans de nombreux cours d'eau, est encadrée par la réglementation des arrêtés préfectoraux. Elle protège les espèces de poissons locales, comme la truite fario, et limite les pratiques considérées comme nuisibles aux amphibiens qui sont tous protégés au niveau national.

PARC NATIONAL DE FORÊTS GOURMAND

Spécialités locales

Les vins côté Haute-Marne

On pourrait croire, à tort, que les vins produits côté Haute-Marne seraient du champagne. En fait, ceux que l'on trouve dans le Parc national de forêts sont géographiquement situés en dehors de l'aire d'appellation « Champagne ». Au Muid Montsaugeonnais, un domaine de la marque *Esprit parc national – forêts*, on retrouve ainsi 17 références en AOC Vins de Pays/IGP Haute-Marne issus de 4 cépages : Auxerrois et Chardonnay en blanc, Pinot Noir et Gamay en rouge. Les vins tranquilles sont les plus nombreux, mais quelques vins effervescents sont aussi disponibles, notamment un blanc particulièrement savoureux.

Les vins côté Côte-d'Or

Dans le pays Châtillonnais, 23 communes de Côte-d'Or produisent le célèbre AOC Crémant de Bourgogne. Vix, Thoires, Brion-sur-Ource ou encore Chaumont-le-bois sont des communes adhérant à la Charte du Parc national de forêts dont la production vinicole est composée à 85% de crémant de Bourgogne. Une boucle touristique de 120 km de long, la « Route du Crémant », a été créée pour que vous puissiez explorer le pays Châtillonnais et son fameux vin effervescent.

La truffe de Bourgogne

Tout le monde connaît la fameuse truffe du Périgord (*Tuber Melanosporum*), mais peu de personnes savent que ce mets savoureux a une cousine locale : la *Tuber Uncinatum* ! Appelée plus communément la truffe de Bourgogne, elle se retrouve en fait également du côté haut-marnais. Très appréciée par les puissants pendant le Moyen Âge et l'époque Moderne, elle fut cultivée dans les forêts de feuillus du territoire du Parc national pendant plusieurs siècles, avant d'être abandonnée au sortir de la Première Guerre mondiale. De nos jours, des associations locales travaillent à faire renaître la trufficulture et son cavage. Mets convoité par les plus fins gourmets, la truffe de Bourgogne est le champignon emblématique du Parc national de forêts. Un Centre d'interprétation lui est dédié à la Maison du Parc national et Maison de la Forêt à Leuglay. Truffières pilotes et organisation de festivals thématiques donnent un nouvel élan gastronomique

REPÉREZ LES MEILLEURES VISITES

★ INTÉRESSANT ★★ REMARQUABLE ★★★ IMMANQUABLE ★★★★ INOUBLIABLE

à celle qui était autrefois surnommée « la Princesse du Barrois ». Pour en percer tous les secrets, n'hésitez pas à parcourir la Route de la Truffe de Bourgogne !

Produits du terroir

Le Parc national de forêts abrite des agriculteurs et éleveurs passionnés qui fournissent des produits du terroir savoureux aux restaurateurs et aux particuliers. La viande issue de l'élevage ou de la chasse est diversifiée, allant du bœuf au chevreuil, et s'avère d'une grande finesse en bouche. Plus méconnus, certains poissons sont aussi réputés, comme par exemple la truite, qui est transformée sous la forme de plats préparés en conserves et bocaux. Plusieurs fermes du Parc national de forêts se sont aussi distinguées ces dernières années par la production de produits laitiers de réputation régionale ou nationale. Les fromages de brebis, yaourts ou certaines préparations pour l'apéritif font le bonheur des épicuriens. Plus largement, les produits locaux d'origine végétale se distinguent eux aussi par leur grande qualité. Les fruits des vergers donnent d'excellents jus, quand les légumes et légumineuses profitent aux mets préparés par les grands restaurants de Haute-Marne et de Côte-d'Or. De nombreuses fermes proposent également une vente en direct des farines de blé tendre, blé dur ou d'orge à un excellent rapport qualité/prix. Enfin, il serait dommage de visiter le Parc national de forêts sans goûter aux délices issus de ses ruches. Miels (dont l'étonnant miel de forêt) et pains d'épices faits maison sont tout simplement délicieux.

Alcools et spiritueux

Plusieurs brasseries artisanales et distilleries se cachent aussi dans le Parc national de forêts. Les bières traditionnelles sont à l'honneur : blondes, ambrées et blanches sont très souvent produites à partir de malt d'orge local. Les bières spéciales, liqueurs et même du whisky complètent cette offre inattendue mais qualitative, qui se retrouve bien souvent sur les meilleures tables du Parc national.

Foires et marchés

Dans ce territoire rural, les marchés communaux sont fréquents et existent dans de nombreux villages. Ils permettent aux particuliers de faire le plein en produits du terroir cultivés à quelques kilomètres à la ronde seulement. On arrive ici au cœur de ce qui fait la richesse du territoire : des villages accueillants où les produits frais et de saison se retrouvent sur les étals des producteurs locaux.

Parmi les foires gourmandes incontournables du Parc national de forêts, il est impossible de ne pas citer la Fête du crémant et Tape-chaudrons de Châtillon-sur-Seine qui a lieu chaque année en mars, ou le salon Arts et Saveurs dans la même ville.

La Fête de l'automne et le Marché aux Truffes de Leuglay s'avèrent précieuses tandis que la Villaine Foire de Montsaugeon a lieu chaque année à la fin du mois de septembre. À Auberive, les vendredis soirs d'été voient s'organiser les Festi'Marchés, un marché semi-nocturne qui met un vrai coup de projecteur sur les produits du terroir estivaux.

ACTIVITÉS DE PLEIN AIR

Randonnées pédestres

La diversité des paysages et la richesse des patrimoines naturels et historiques font du Parc national de forêts une destination incontournable pour la randonnée pédestre. Au total, plus de 600 km de sentiers cumulés sont balisés et accessibles à tous les niveaux de pratique. Certains sentiers proposent aux familles de partir à la rencontre de sites naturels magnifiques. Certaines boucles de plusieurs heures de marche permettent de découvrir le charme des villages pittoresques ou, pour les plus chanceux et les plus discrets, d'apercevoir les animaux qui peuplent les forêts du Parc national. Avez-vous déjà entendu parler du « Chemin de la Belle Étoile – Tour du Parc national de forêts » ? Cette boucle de randonnée de type GR de Pays emprunte un tracé de 230 km, finalisé en 2025. Cette boucle reprend en grande partie les chemins balisés d'autres grands noms des sentiers de grande randonnée, dont le GR7 « Des Vosges aux Pyrénées », le GR2 « Au fil de la Seine » et le GR 145 « *Via Francigena* ». Cette randonnée permet de découvrir la diversité des richesses qu'offre le Parc national de forêts. Châteauvillain, Auberive ou encore la vallée de la Seine se dévoilent au gré de ces quelques jours d'exploration.

Quelques randonnées, enfin, offrent une déconnexion totale en empruntant un sentier sur plusieurs jours. Aires de

Randonnée avec les ânes de Donkey Ane à Saint-Germain-le-Rocheux.

© CÉLINE LECOMTE - OFB

Découverte en vélo électrique avec Echappée Nature.

pique-nique, commerces de bouche et hébergements jalonnent ces moments de détente et d'exploration du Parc national de forêts. Retrouvez ci-après 5 de nos randonnées pédestres coup de cœur !

Randonnées à cheval et à dos d'âne

Le Parc national de forêts est particulièrement adapté à la pratique de la randonnée équestre. Le territoire est traversé par la route européenne d'Artagnan et équipé de quelque haltes où les cavaliers pourront se reposer avec leur monture.

En plus de ces parcours équestres, deux prestataires de Haute-Marne et de Côte-d'Or proposent des promenades à dos d'ânes, ou accompagnées par ces derniers. Idéal pour les personnes qui ne peuvent pas porter de sacs à dos trop lourds ou pour les enfants, cette mobilité douce séduit aussi celles et ceux qui souhaitent randonner à un rythme presque méditatif.

Balades à vélo, cyclotourisme et VTT

De grands itinéraires cyclables parcourent le territoire, balisés ou non. Vous pouvez ainsi suivre le fil de la Seine, relier les sources de la Seine aux sources de la Marne ou encore découvrir les vignobles produisant le Crémant de Bourgogne.

Sur plusieurs jours, vous pouvez suivre les rivières et cours d'eau qui ont façonné les paysages vallonnés du Parc national de forêts sur des chemins praticables pour les VTC. Les circuits dédiés aux VTT sont souvent plus escarpés et parcourent bien souvent les forêts du Parc national. Ils vous emmènent dans les paysages typiques du territoire, des Gorges de la Vingeanne à la tufière d'Amorey, près d'Auberive, le temps d'une escapade nature à couper le souffle. A Châtillon-sur-Seine, l'Espace VTT du Châtillonnais propose 6 circuits pour tous niveaux.

FESTIVALS ET MANIFESTATIONS

■ FESTIVAL NUITS DES FORÊTS

Programmation à consulter
sur l'agenda du site internet.
✆ 03 25 31 62 35
www.forets-parcnational.fr
evenements@forets-parcnational.fr

En juin. Activités gratuites. Randonnées, spectacles, expositions, musique.

Le festival Nuits des Forêts se déroule chaque année au mois de juin sur tout le territoire du Parc national de forêts avec une programmation riche et variée. Au programme : des sorties nature, des spectacles musicaux, des animations artisanales ou encore des expositions nocturnes vous permettent de vous familiariser avec le domaine forestier après la tombée de la nuit. Ce festival permet de sensibiliser les plus jeunes et les adultes à la fragilité de ce milieu naturel, mais aussi de découvrir son fonctionnement et ses particularités nocturnes. Arpentez les sentiers de nuit pour observer chouettes et renards !

© PNFOR

Festival Nuits des Forêts.

■ PROGRAMME D'ANIMATIONS, VISITES ET RANDONNEES GUIDEES DU PARC NATIONAL DE FORETS

Programmation à consulter
sur l'agenda du site internet
www.forets-parcnational.fr
evenements@forets-parcnational.fr
✆ 03 25 31 62 35

Les animations Nature mises en œuvre par le Parc national et ses partenaires (notamment l'Office national des forêts) sont un véritable outil de sensibilisation, d'appropriation et d'interprétation du territoire. L'action de médiation pratiquée offre aux participants les clés pour comprendre leur environnement, s'en émerveiller et agir pour le préserver. Le programme se décline tout au long de l'année pendant les vacances scolaires (sauf celles de fin d'année) et avec un temps lors de la Journée internationale des forêts en Mars : sorties Nature commentées, ateliers créatifs, spectacles, randonnée guidée… Les agents du Parc national et de multiples acteurs locaux, dont certains bénéficiant de la marque *Esprit parc national - forêts*, proposent de s'imprégner des lieux lors d'activités et d'animations qui privilégient

© CÉLINE LECOMTE

Sortie guidée à la découverte de la biodiversité.

une approche écocitoyenne et participative. Sortie gratuites. Inscription obligatoire.

■ TOURNÉE VILLE À JOIE
✆ 06 45 88 81 11
villeajoie.fr
la.villeajoie@gmail.com
De juin à septembre. Produits locaux, buvette et restauration sont payants. Services de proximité, opticiens, dépistages, producteurs locaux, animations, spectacles, blind-test, karaokés.

La Ville à Joie est une tournée itinérante, qui fait le tour de plusieurs villages du Parc national de forêts à la belle saison. De Vesvres-sous-Chalancey à Villiers-le-Duc, la tournée s'arrête de 17h à 21h pour mettre des services de proximité à la disposition des riverains. Opticiens, point infos du Parc national ou centre de dépistage mobile sont autant de services proposés. Mais ce n'est pas tout : une buvette, des food-trucks et des animations et spectacles égaient les places de villages. Testez le karaoké ou le blind-test !

HAUTE-MARNE

Fêtes

■ MARCHE GOURMANDE
Mairie – 1, Place de Verdun
Giey-sur-Aujon
✆ 06 41 68 15 51
aoa2pournotreetoile.fr
aoa2.pournotreetoile@hotmail.com

En juin. (Départ libre entre 8h30 et 12h15). Entrée : 27 € (par adulte). Enfant : 12 €. Entre 10 et 15 ans uniquement. Restauration.
Organisée par l'association « AOA2 : Un espoir pour nos étoiles », cette balade propose 2 parcours : l'un de 12 km et l'autre de 15 km.

En chemin, vous profitez des très beaux paysages de la vallée de l'Aujon, mais goûtez également à des spécialités locales à retrouver çà-et-là au fil du parcours. Ces produits sont proposés par des producteurs locaux et vous remettent d'aplomb pour continuer votre route. Les fonds levés financent la recherche contre l'AOA2, une maladie génétique rare.

Expositions

FESTIVAL INTERNATIONAL DE LA PHOTO ANIMALIÈRE ET DE NATURE

La Porte du Der
✆ 03 25 55 72 84
www.photo-montier.org
contact@photo-montier.org
Le festival a lieu chaque année, le 3e week-end de novembre. Entrée : 18 €. 15 € Jeunes de 14 à 18 ans, PMR. Gratuit pour les – de 14 ans. 130 exposants répartis sur une vingtaine de sites.

Chaque troisième week-end de novembre, la petite ville de Montier-en-Der est en effervescence, avec plus d'une centaine d'exposants de photos animalières. Les équipes du Parc national de forêts y participent, bien que le festival soit situé en dehors de son Aire d'adhésion. Sur place, un concours de photographies et des séquences filmées numériques permettent aux participants de présenter le fruit de leur travail et de leurs balades dans la nature. Expos dans toute la ville.

© PNFOR

Exposition à Montier-en-Der.

Manifestations culturelles - Festivals

MORMANT FÊTE LES ARTS

Hameau de Mormant
Rue de l'abbaye
Leffonds
✆ 06 43 37 11 26
www.leffondsvillage.com
theocav@hotmail.fr
En juin. Entrée gratuite, restauration payante sur place. Restauration.

L'association Renaissance de la Maison-Dieu de Mormant organise une fête des arts et de l'artisanat dans tout le village de Leffonds et plus précisément autour de la Maison-Dieu de Mormant. Sur place, découvrez des stands de sculpteurs, de peintres, de photographes, d'auteurs ou encore de céramistes qui partagent avec vous leur savoir-faire. De nombreux artistes proposent aussi une interprétation de l'ancienne Maison-Dieu à travers des sculptures ou des peintures. Un évènement convivial où de la petite restauration accompagne votre exploration des lieux.

CÔTE-D'OR

FÊTE DE LA TRUFFE IMPÉRIALE

Châtillon-sur-Seine
✆ 03 80 91 50 50
chatillonnais-tourisme.fr
contact@tourisme-chatillonnais.fr

En octobre. Entrée libre. Restauration. Balades en calèche, dégustations de produits locaux, concours gastronomiques, buvette et restauration.

La Fête de la Truffe Impériale 2025 est la 3e édition. Cette année, retrouvez des animations centrées autour de la truffe de Bourgogne, dont une vingtaine d'exposants qui partagent leurs connaissances sur ce savoureux champignon. Des conférences données par des spécialistes permettent de comprendre son histoire, mais aussi son utilisation dans la gastronomie. Balades en calèche et concours de cuisine à base de truffe égayent la journée et vous permettent de vous en délecter.

JOURNÉES CHÂTILLONNAISES

Esplanade du Cours l'Abbé
Châtillon-sur-Seine
✆ 03 80 91 50 76
www.chatillon-mairie.fr
contact@mairie-chatillon-sur-seine.fr

En juin. Restaurant éphémère de 80 couverts, concerts de Clinch Moutain et Go go Gris- Gris ; spectacles de Lydie Show & Les Mistinguettes. Restauration.

Les Journées Châtillonnaises sont le lieu de rendez-vous des amateurs de produits locaux et des passionnés des savoir-faire traditionnels. Au programme, des spectacles de danse et des concerts égaient les allées de l'évènement, tandis que plus de 110 exploitants viennent partager leur passion avec les visiteurs. Goûtez aux produits phares du territoire et dégustez des recettes imaginées à partir de produits du Châtillonnais. Des ateliers créatifs, du cardage de la laine à la fabrication de poteries, vous permettent d'apprendre des savoir-faire ancestraux.

FÊTE DE L'AUTOMNE

Maison de la Forêt
Rue de Valverset
Leuglay
✆ 03 80 81 86 11
www.maison-foret.com
leuglay@maison-foret.com

En septembre. Certaines animations sont payantes. Restauration. Balades en calèche, démonstration de cavage, artisans et producteurs locaux, conférences.

Bienvenue à la 20e édition de la Fête de l'Automne, organisée par la Maison de la Forêt de Leuglay. Au programme, retrouvez toutes les animations et tous les exposants qui ont fait le succès de l'événement. Balades en calèche, démonstration de cavage, conférences sur la nature et producteurs locaux se réunissent le temps d'une journée festive. Dégustez les produits du terroir ou participez à des ateliers artisanaux qui mettent en lumière les savoir-faire traditionnels du Pays Châtillonnais. Possibilité de se restaurer grâce à la présence de food-trucks locaux.

Forêt de Lugny.

VISITE

CHÂTEAUVILLAIN

Châteauvillain est un village de Haute-Marne qui fait le bonheur des amoureux de la nature et du patrimoine. Labellisé « Petite Cité de Caractère », Châteauvillain est célèbre pour son Parc aux Daims de 272 hectares qui se situe en bordure de l'ancienne ville fortifiée. Ses fortifications, justement, sont l'un de ses principaux atouts. Bien que les murailles soient en grande partie démontées, il reste tout de même une quinzaine de tours, dont celle des Linottes et la tour de l'Auditoire. Un circuit de promenade d'une heure permet de faire le tour des anciens remparts et de découvrir le bâti ancien du village. Lavoir à parquet flottant, église Néoclassique et ancienne maison de famille appartenant à une tante de Simone de Beauvoir sont autant de points d'intérêt incontournables. La célèbre philosophe a par ailleurs passé ses vacances d'enfance à Châteauvillain, qu'elle ne manque pas de citer dans ses *Mémoires d'une Jeune fille rangée.* Petite, elle aimait se promener le long de l'Aujon, principal cours d'eau du village. Ici, la nature est d'ailleurs verdoyante grâce à la présence de ruisseaux et rivières qui ont favorisé l'établissement des populations depuis des siècles. En dehors de son patrimoine, Châteauvillain voit émerger des projets socio-économiques novateurs, tels que le camp d'entraînement artistique Simone, ou de développement territorial avec la Maison du Parc national de forêts, installée face à la tour de l'Auditoire.

OFFICE DE TOURISME DE CHÂTEAUVILLAIN

14 rue de Penthièvre
www.bienvenue-hautemarne.fr
chateauvillain-accueil@attractivite52.fr
Accès par la cour de l'Auditoire, via la rue de Penthièvre à hauteur du n° 17.
Ouvert du mercredi au dimanche de 10h30 à 12h30 et de 14h à 18h. Second point info sur le tiers-lieu Simone, route de Châtillon, durant l'été.

L'office de tourisme de la tour de l'Auditoire vous donne tous les renseignements importants pour votre découverte de Châteauvillain et des environs : expositions, visites guidées, établissements culinaires, ludiques ou artistiques, etc. L'été, profitez d'une Visit'Apéro ! Un guide conférencier vous dévoile le patrimoine de Châteauvillain et termine la visite par une dégustation de produits locaux (1h30 de visite et 30 minutes de dégustation). Outre les services habituels, trois salles d'exposition et un petit musée de la ville vous permettent de vous familiariser avec l'histoire de la cité. Des expositions temporaires sont aussi organisées aux beaux jours.

REPÉREZ LES MEILLEURES VISITES

★ INTÉRESSANT ★★ REMARQUABLE ★★★ IMMANQUABLE ★★★★ INOUBLIABLE

Châteauvillain.

MAISON DU PARC NATIONAL – CHÂTEAUVILLAIN

14, rue de Penthièvre
✆ 03 25 31 62 35
www.forets-parcnational.fr
contact@forets-parcnational.fr
Du lundi au vendredi 9h-12h et 14h-17h. Infos gratuites. Visites guidées. Possibilité de s'inscrire pour des visites guidées.

Inaugurée en 2022, la Maison du Parc national de forêts de Châteauvillain est un point info où vous trouvez conseils et informations pour la visite et la découverte du Parc national. C'est là que vous obtenez tout ce qu'il y a à savoir sur la réglementation en vigueur dans chacune des zones composant le Parc national. Un guide présent sur place en permanence vous conseille également sur les visites, balades, spectacles ou expositions à ne pas rater durant votre séjour.

LES SENTIERS DE LA BELETTE

1, rue de l'Eden ✆ 06 25 49 52 62
lessentiersdelabelette.com
lessentiersdelabelette@gmail.com
Esprit parc national. Horaires des activités variables, aucun planning permanent. Pour les tarifs de chaque activité, contacter Aurélie GUY des Sentiers de la Belette. Accueil enfants. Visite guidée (pour tous publics : scolaires, enfants, adultes, seniors). Animations.

Envie d'en savoir plus sur la nature du Parc national de forêts ou de passer du temps avec des animaux ? Aurélie Guy a créé Les Sentiers de la Belette il y a plus de 10 ans maintenant pour sensibiliser les petits et les grands aux bienfaits du contact avec la nature. De la médiation animale aux visites guidées de jardins et d'espaces naturels exceptionnels, Aurélie fourmille d'idées pour partager avec vous la richesse et la beauté de notre environnement. Tout au long de l'année, cette passionnée du vivant imagine des animations et des visites tous publics, ainsi que des stages plus spécifiquement pensés pour les jeunes enfants et les seniors. Laissez-vous transporter par sa veillée contée « Auprès de mon arbre », participez à l'enquête « L'homme et la forêt », vivez son « Aventure en famille au jardin » ou découvrez les « Gourmandises sauvages ». Ainsi, tout le monde peut apprendre dans un environnement propice à la détente et aux rencontres.

A voir – A faire

JARDIN DE L'EDEN

Chemin de l'Eden ✆ 06 25 88 26 87
jardinleden52@gmail.com
Ouvert toute l'année. Du lundi au samedi de 8h à 17h. Gratuit. Certaines animations sont payantes ; infos par mail ou téléphone. Accueil enfants (animations pour scolaires et enfants pour découvrir la nature et les animaux). Visite guidée (en lien avec les Sentiers de la Belette). Animations.

Le Jardin de l'Eden est une association proposant aux curieux un écolieu pédagogique centré autour de l'environnement et du patrimoine. À la fois site d'expérimentation de la permaculture, lieu d'entraide, de rencontre, de sensibilisation au bien-être animal et à l'environnement, le Jardin de l'Eden propose des animations toute l'année pour petits et grands. Sur place, une large gamme de milieux naturels ou paysagers, tels que le Jardin potager écologique, le rucher, le verger-forêt et la mini-ferme permettent d'apprendre en s'amusant. Stages de savoir-faire anciens, animations ou soirées contées sont autant d'activités créant du lien social et qui font prendre conscience de ce qui unit l'humain à la nature.

EMMANUEL GEOFFROY
du Moulin de la Fleuristerie

« Avec ma femme Annette, nous avons repris le Moulin de la Fleuristerie en 1994 après avoir travaillé plusieurs années en Suède dans une multinationale. Originaire du village, je voulais reprendre ce moulin pour le défi économique qu'il représentait. Comment rentabiliser un moulin à eau au XXIe siècle ? Nous nous sommes d'abord concentrés sur la pérennisation de l'outil de production, puis nous avons commencé à diversifier nos sources de revenus en ouvrant le moulin au public en 1997. À ce jour, nous comptabilisons plus de 170 000 visiteurs ! En 2007, nous avons mis aux normes l'ancienne halle à charbon pour la transformer en salle de réceptions. Depuis, nous accueillons des spectacles, des concerts et même des mariages. Des clients commencent alors à nous demander si nous ne disposons pas d'un gîte pour passer la nuit sur place. Nous effectuons donc des travaux de rénovation dans l'un de nos bâtiments pour répondre à cette demande. Conjointement, l'accueil se développe au village pour proposer aujourd'hui une capacité de 50 places. Au total, nous pouvons désormais accueillir 90 personnes à Orges. Nous possédons 5 sources de revenus, car nous revendons une partie de l'électricité produite par la turbine hydraulique. Les particularités de notre moulin nous ont permis d'obtenir les labels Entreprise du Patrimoine Vivant et *Esprit parc national – forêts*, qui valorisent la protection des patrimoines naturels, historiques et le développement durable. Aujourd'hui, le Moulin de la Fleuristerie est devenu une perma-entreprise, résiliente et capable de faire face aux changements globaux grâce à une indépendance financière et énergétique, et nous en sommes très fiers. »

© CÉLINE LECOMTE

Annette et Emmanuel Geoffroy.

■ SIMONE, CAMP D'ENTRAÎNEMENT ARTISTIQUE

4, route de Châtillon
✆ 06 99 68 02 77
www.simone.camp
contact@simone.camp

Restaurant, sur réservation ouvert du lundi au vendredi, le café associatif ouvert du mardi au samedi, épicerie et produits locaux ouvert du mardi au samedi. Point de retrait pour location de vélo Lokebike.

Simone, camp d'entraînement artistique est un tiers-lieu mis sur pied par Anne-Laure Lemaire, metteuse en scène et artiste locale. Au départ, en 2015, l'ancien site de l'usine Le Chameau devait servir de lieu d'hébergement pour des troupes d'artistes venant de São Paulo. Puis, leur rencontre avec les Castelvillannois a généré des festivals culturels, des fêtes thématiques et une certaine émulation artistique et sociale qui a transformé l'ancienne usine en tiers-lieu. Un café associatif tenu par des habitants de Châteauvillain est créé, et un vide-dressing solidaire lui emboîte le pas. Très vite, la mayonnaise prend et c'est un véritable lieu d'entraide qui naît à Châteauvillain. Chaque année, le site aide les personnes en difficulté à se familiariser avec l'informatique, à se sensibiliser à l'art ou à avoir accès à des produits frais, locaux et qualitatifs à des prix bas. D'une résidence d'artistes, Simone est devenue aujourd'hui un tiers-lieu où création artistique, lien social et expérimentation économique fusionnent. Un service de location de vélos à assistance électrique est aussi disponible : réservation sur www.locebike.fr en choisissant Simone comme point de retrait, du mardi au vendredi entre 14h et 17h et le samedi et dimanche entre 15h et 17h.

■ LE MOULIN DE LA FLEURISTERIE ★

4, chemin de la Fleuristerie – Orges
✆ 03 25 01 14 72 / 07 82 21 21 23
www.moulindelafleuristerie.fr
info@artamin.fr

Esprit parc national et Entreprise du Patrimione Viviant. Groupes : à partir de

© ARTAMIN_ MOULIN DE LA FLEURISTERIE

Le Moulin de la Fleuristerie.

© LAURENT TEISSEIRE

Tiers-lieu Simone.

12 personnes, sur rdv d'avril à octobre. Individuels : juillet et août tous les après-midis. Visite guidée boutique souvenirs sur place à 10h30, 15h et 16h30, 1 heure environ. Gratuit jusqu'à 5 ans. Adulte : 10 €. Enfant (de 6 à 12 ans) : 5 €. Salle de réception, chambres d'hôtes et gîtes. Au début du XXe siècle, une entreprise d'accessoires de mode s'installe à Orges. Depuis, ce moulin artisanal, qui fonctionne encore à l'aide de sa roue à aubes, abrite le dernier centre de production en France d'articles et d'accessoires destinés à la fabrication et à la création florale. Le moulin de la Fleuristerie est une entreprise unique en France, qui possède les labels « Entreprise de patrimoine vivant » et *Esprit parc national – forêts.* Le moulin livre les plus grandes maisons de couture françaises en fleurs plus vraies que nature qui viennent habiller les belles créations parisiennes. En véritables passionnés, Annette et Emmanuel Geoffroy vous accueillent dans leur atelier de fabrication resté dans son jus du XIXe siècle. Profitez d'une visite guidée par les propriétaires eux-mêmes, qui se plaisent à vous montrer la roue à aubes en action ou à allumer l'électricité produite par cette même roue… À la fois insolite et incroyablement instructive, cette visite marque les esprits des petits comme des grands qui désirent voir un savoir-faire traditionnel et comprendre ce qu'est une perma-entreprise. Tout bonnement fascinant !

Se restaurer

■ **LE CASTELLINO**
7, route de Chatillon
✆ 03 25 02 58 10
www.le-castellino.fr
restaurant@le-castellino.fr
Ouvert toute l'année. Du mardi au samedi le soir. Distributeur de pizzas devant le restaurant 7/7j et 24/24h. Carte : 13 € environ. Accueil des groupes (réservation possible pour banquets, réceptions, mariages, etc.). Terrasse. Vente à emporter.

À la sortie de Châteauvillain, près de la route menant à Arc-en-Barrois, le Castellino est une pizzeria familiale incontournable. Le fils, Antoine, est un pizzaïolo passionné qui cuisine pour vous des pizzas 100 % maison. Au total, on en compte près d'une trentaine qui sont toutes plus savoureuses les unes que les autres. À votre arrivée, des gressins vous sont apportés pour vous mettre en appétit. La suite n'en est que meilleure : base crème ou tomate, les pizzas sont préparées avec des produits frais. Mention spéciale pour le tiramisu absolument succulent.

■ LA CANTINE DE SIMONE

4, route de Châtillon
✆ 06 99 68 02 77
www.simone.camp
contact@simone.camp
Ouvert du lundi au vendredi le midi. Réservation au 06 66 89 65 11. Réservation impérative. Menus de 12,50 € à 14,50 €. Carte : 7 € environ (prix du plat seul). Vin au verre. Menu unique qui change tous les jours. Terrasse.

La Cantine de Simone est un restaurant convivial tenu par Emmanuel Fombaron, cuisinier, et Audrey Rousselot, derrière le comptoir et en salle. Ici, il n'y a qu'un seul menu disponible qui change tous les jours en fonction des produits frais disponibles et de la saison. La salade de lentilles, le bœuf aux oignons et le cheesecake sont des exemples de délices qui sont concoctés par le chef. Leur secret ? Des produits qui viennent du jardin, qui sont bien souvent bios ou proviennent uniquement de producteurs locaux. Bien souvent, ce que vous mangez dans cette cantine provient uniquement du Parc national de forêts ! Au-delà de l'aspect local, c'est celui de la solidarité qui est ici mis en avant. La notion de cantine renvoie à l'idée que tout le monde, quel que soit son niveau de vie, peut trouver de quoi se faire plaisir à un prix défiant toute concurrence.

Emplettes

■ BOULANGERIE PÂTISSERIE PELLETIER

47, rue Saint-Jacques
✆ 03 25 32 92 73
Ouvert le lundi, le mardi, le jeudi et le vendredi de 6h à 19h ; le samedi de 6h à 18h ; le dimanche de 6h à 12h30. Fermé mercredi.

La boulangerie-pâtisserie Pelletier est l'établissement gourmand incontournable de Châteauvillain. Située en bordure de route vers Châtillon-sur-Seine, elle dispose d'un parking où il est facile de se garer. Sur place, vous trouvez tous types de pains traditionnels et spéciaux, mais aussi des sandwichs, quiches, pizzas et burgers qu'ils peuvent vous réchauffer. L'établissement propose des formules petit-déj et déjeuner, ainsi qu'une large gamme de boissons à déguster sur place.

■ L'EPICERIE DE SIMONE

4, route de Châtillon
✆ 06 99 68 02 77
www.simone.camp
contact@simone.camp
Ouvert tous les jours du mardi au samedi de 11h à 18h.

L'épicerie de Simone est l'un des nombreux services proposés par le tiers-lieu aux habitants de Châteauvillain et aux personnes de passage. Ici, les produits sont autant concoctés par des producteurs régionaux (bien souvent marqués *Esprit parc national – forêts)* que des particuliers qui tiennent à partager leur amour du produit de qualité. Miels, farines, condiments, thés ou confitures sont alors disponibles à des prix bas, et les produits changent fréquemment. Un service de location de vélos à assistance électrique est aussi disponible.

■ **LES PIGMENTS DU JARDIN**
Rue des Cinq Voisins
Latrecey-Ormoy-sur-Aube
✆ 06 30 39 08 24
pigmentsdujardin@outlook.fr
AB (agriculture biologique). Esprit parc national. Ouvert le mardi de 17h à 19h ; le vendredi de 16h30 à 19h. Sur le marché de Châteauvillain Deuxième dimanche de chaque mois de juin à octobre, de 9h à 13h. Abonnement au panier de légumes hebdomadaire, tarifs sur demande.
Emy David est la propriétaire d'un demi-hectare de terrain sur lequel elle produit une soixantaine de variétés de légumes en pleine terre. Toute l'année, les légumes à retrouver sur les étals des marchés varient donc en fonction de la saison. Des salades aux courges, en passant par les courgettes, Emy propose un astucieux système de paniers hebdomadaires à venir récupérer à la ferme. Chaque semaine, vous obtenez de quoi préparer vos plats ou faire une bonne soupe de saison. Ses légumes Bio sont aussi disponibles à Châteauvillain, chez Simone et sur le marché.

Sports / loisirs / activités

■ **LA BELLE BALADE**
Route des Bonshommes
Parking Val-Mormant
✆ 06 99 68 02 77
www.labellebalade.org
labellebalade@simone.camp
Ouvert toute l'année. Sauf jours de chasse. Voir sur site web pour les dates. Visites commentées sur rdv par mail ou par téléphone.
Vous aimez la randonnée pédestre, la nature et l'art ? Ces trois thématiques sont justement réunies au sein de La Belle Balade. Au programme, un parcours de 4 km de long vous invite à réfléchir sur l'impact de l'être humain sur la nature et son environnement. Pour faciliter cette introspection, 13 œuvres d'art créées avec des matériaux locaux ou naturels sont placées aux endroits-clés des parcours. Chaque année, de nouvelles œuvres sont ajoutées pour élargir la réflexion proposée et renouveler votre expérience de visite ludique.

© RICHARD PELLETIER

Pole 2.0 par Emmanuelle Messier et Fanny Bouchet - La Belle Balade.

LA GARENNE : RANDO CYCLISTE COUP DE CŒUR !

Quoi de mieux que le cadre du château d'Arc-en-Barrois pour débuter une randonnée à vélo ? C'est ce que vous propose La Garenne, une boucle de 16 km qui est l'une des rares à pouvoir se faire à pied, à vélo et à cheval ! Nous avons choisi de vous la présenter comme une balade à VTT qui vous donne l'opportunité de faire des haltes en cours de route. Ses chemins faiblement escarpés vous permettront de profiter des paysages vallonnés de la vallée de l'Aujon, qui serpente dans Arc-en-Barrois. Sortis du village, vous pourrez profiter du calme de la nature, où les champs cultivés prennent le relais des sous-bois silencieux. Prenez votre temps et, surtout, restez discrets pour avoir la chance d'apercevoir la faune typique du Barrois : chevreuils, renards et blaireaux y sont particulièrement présents. Puis, vous pourrez découvrir la fameuse source miraculeuse de Montrot où, selon la légende, une statue de la Vierge fut découverte enterrée au XVIIe siècle. La boucle, qui vous fait revenir à Arc-en-Barrois, vous donnera l'opportunité de tomber nez-à-nez avec un exemple rare de glacière de château du XIXe siècle.

ARC-EN-BARROIS ★

Arc-en-Barrois est un village de 700 habitants qui accueille le siège du Parc national de forêts. Situé dans la vallée de l'Aujon, le bourg s'est bâti au fil de l'eau à partir de l'époque romaine, bien qu'il ne reste aucun vestige visible de cette période. C'est au Moyen Âge qu'Arc-en-Barrois devient un site important. L'Aujon est canalisée et des biefs sont creusés pour alimenter les moulins à eau destinés aux tanneries et autres artisanats. Un château et l'église actuelle sont les derniers témoins de cette période faste. Entouré d'une forêt domaniale de près de 11 000 hectares, le village est célèbre dans la France entière pour les chevreuils, sangliers et cerfs qui y vivent en grand nombre. Il n'est d'ailleurs pas rare d'en croiser au détour d'un sentier de randonnée, faisant le bonheur des amateurs de photographie animalière. Aujourd'hui, Arc-en-Barrois est un charmant village où les activités économiques sont à la recherche d'une certaine harmonie avec la nature. Apiculteurs, métiers du bois et de la forêt, artisanats et tourisme écoresponsable en font l'un des villages les plus bucoliques du Parc national de forêts.

OFFICE DE TOURISME

2, place Moreau
✆ 03 25 02 52 17
www.bienvenue-hautemarne.fr
arc-accueil@attractivite.52.fr
Ouvert du mardi au samedi de 10h30 à 12h30 et de 14h à 18h30. Ouvert de mi-mai à fin août.

LA GARENNE

Difficulté : Très facile
Temps : 4h
Longueur : 16 km
Dénivelé positif : 574 m
Dénivelé négatif : 579 m

L'office de tourisme d'Arc-en-Barrois regorge d'informations touristiques qui vous aident à préparer votre séjour ou explorer le territoire lorsque vous êtes présents. Idées de visite, cartes de randonnée et dépliants sur les activités et loisirs à faire dans les environs sont autant d'informations à retrouver sur place. Retrouvez aussi des propositions de visites guidées du bourg pour en apprendre plus sur son histoire et découvrir les détails qui vous auraient échappé. En juillet et août, une annexe est aussi ouverte au camping du village en fin de journée.

■ PARC NATIONAL DE FORÊTS

Parc national de forêts – Siège
20, rue Anatole Gabeur
✆ 03 25 31 62 35
www.forets-parcnational.fr
contact@forets-parcnational.fr

Plus qu'un simple Point Informations touristiques, les bureaux du Parc national de forêts situés à Arc-en-Barrois sont le Siège de l'établissement public. Au rez-de-chaussée, dans un hall totalement rénové avec du bois issu des forêts du Parc national, se trouve un bureau d'accueil. Ici, l'équipe du Parc national se fait une joie de vous donner toutes les informations utiles à votre séjour sur place : idées de visite, expositions ou même réglementations en vigueur dans chaque zone du Parc national de forêts. N'hésitez pas à y passer si vous cherchez des informations.

■ ARC PATRIMOINE ET CULTURE

Place Moreau ✆ 06 68 72 29 15
www.arc-en-barrois.com
daniel_guillemin@yahoo.fr

Esprit parc national - forêts. Ouvert toute l'année. Du lundi au samedi de 9h à 18h. Tarifs des animations et visites commentées disponibles par mail ou téléphone. Visite guidée (visites commentées d'Arc-en-Barrois et de son patrimoine). Animations.

L'association Arc Patrimoine et Culture réunit une équipe de passionnés de l'histoire du village et de son patrimoine. Toute l'année, les bénévoles organisent des visites du village et de ses édifices emblématiques. Découvrez l'histoire de l'église, l'architecture de la maison Renaissance, mais aussi la glacière du château et la machine à vapeur de 1896 de l'ancienne scierie. Passionnés d'histoire locale, les bénévoles partagent avec vous les anecdotes croustillantes d'Arc-en-Barrois.

■ OFFICE DE TOURISME

2, place Moreau
✆ 03 25 02 52 17
www.bienvenue-hautemarne.fr
arc-accueil@attractivite.52.fr

En 2025. Gratuit jusqu'à 3 ans. Information et tarif auprès de l'OT. Visite guidée (visite guidée insolite d'Arc-en-Barrois avec un guide conférencier passionné).

Envie de découvrir tous les secrets d'Arc-en-Barrois au cours d'une visite guidée insolite ? C'est ce que le concept de Visit'Apéro vous propose ! Organisée par l'agence d'attractivité de Haute-Marne, la visite est conduite par un guide conférencier qui vous conte tous les mystères du village. De la glacière du château à l'accueil des blessés du Front de Verdun en 1916, vous entrez dans l'histoire d'Arc-en-Barrois tout en goûtant aux spécialités locales. À la fin du parcours, un apéritif local accompagné de mignardises clôt superbement la visite.

A voir – A faire

LA MAISON LAURENTINE

15, rue du Moulin
Aubepierre-sur-Aube
✆ 03 25 03 27 70
www.nouvelle-laurentine-expedition.com
contactlaurentine@gmail.com
Gare de Chaumont ou de Langres ou Autoroute A5 - sortie 24 direction Arc-en-Barrois
Ouvert toute l'année. Prendre contact avec la Maison Laurentine pour préparer sa visite. Gratuit. Animations.

La Maison Laurentine a ouvert ses portes grâce à la passion et à la pugnacité de l'association du même nom. Elle a mis en place un centre d'art contemporain, un centre d'art « discret », comme il se qualifie lui-même. Ce centre d'art contemporain organise des expositions dans les vallées de l'Aube et de l'Aujon principalement, mais aime s'aventurer dans les forêts du Parc national quand la créativité l'exige. La Maison Laurentine a su parfaitement marier les arts contemporains et la nature.

PORTE DE CŒUR – LES ESSARTS

Les Essarts
✆ 03 25 31 62 35
Ouvert toute l'année. Tous les jours. Gratuit. Animations.

La porte d'entrée du Cœur des Essarts est l'une des 4 portes du Cœur permettant la mise en place d'un schéma d'interprétation du territoire du Parc national de forêts. Inaugurée en 2022, celle-ci a été bâtie dans une forme rappelant les anciennes charbonnières, un savoir-faire typique des forêts environnantes. Plus qu'un marquage d'entrée pour le Cœur du Parc national de forêts, c'est également un point de RDV pour les animations proposées par le Parc national.

VISITE

© PNFOR

Porte de Coeur des Essarts.

Se restaurer

LE COQ D'ARGENT

Rue Gabriel-Peignot
✆ 03 25 02 54 27
Le Coq d'Argent est installé en plein centre d'Arc-en-Barrois, à deux pas du château.
Ouvert du vendredi au lundi de 11h à 14h et de 20h à 21h30 ; le mardi et le jeudi de 11h à 14h. Fermé le mercredi. Réservation recommandée. 18 € (seulement le midi : 3 plats). Vin au verre. Accueil des groupes (salle de réception, banquets).
Le Coq d'Argent est le restaurant traditionnel typique, avec sa décoration intérieure où des trophées de chasse occupent une place centrale. La cuisine faite maison vous permet de découvrir la qualité des produits du terroir du Barrois. Au menu, la viande est reine : rumsteak, poisson selon arrivage, terrines de chevreuil ou encore côtes de porc sont omniprésents et disponibles en grande quantité. L'accompagnement, fait de légumes ou de frites préparés sur place eux aussi permettent de se régaler avec des plats qui changent quotidiennement.

RESTAURANT DU PARC

Hôtel du Parc
1, place Moreau
✆ 03 25 02 53 07
www.relais-sud-champagne.com
parc.arc@orange.fr
Qualité Tourisme. Ouvert toute l'année. Du jeudi au dimanche de 12h à 13h30 et de 19h15 à 21h. Réservation recommandée. Menu unique à 24,50 €. Carte : 18 € environ. Chèque Vacances, Chèque Restaurant. Accueil des groupes (salle de réunion sur place pour séminaires). Jardin. Terrasse. Bar.
L'hôtel-restaurant du Parc prend place dans un ancien relais de chasse devenu une auberge accueillante. Cela se ressent immédiatement lorsqu'on entre dans la salle du restaurant où les trophées de chasse côtoient une décoration rustique et accueillante. Au menu, goûtez aux plats de terroir traditionnels tels que le foie gras maison ou le coq à la bière, qui

Le Rucher du Barrois.

sont simplement délicieux. Les proportions sont généreuses et la cuisine faite maison ravit les amateurs de plats en sauce. L'hôtel de 16 chambres permet de profiter d'un cadre verdoyant propice à la détente.

Emplettes

L'ABEILLE ARCQUOISE
11, rue de Caule
✆ 06 88 54 68 91
vignozzi.lydie@orange.fr
Esprit parc national.
Guido Vignozzi est apiculteur récoltant depuis une trentaine d'années maintenant. Installé à Arc-en-Barrois, il produit plusieurs types de miels qu'il vend ensuite sur les marchés locaux. Miel de printemps, de tilleul, toutes fleurs et d'été sont les spécialités que vous trouvez sur ses étals. Labellisé *Esprit parc national – forêts* depuis 2020, Guido Vignozzi est un apiculteur qui pratique la transhumance avec ses abeilles. C'est-à-dire qu'il déplace les ruches dans les prés où les fleurs de certaines essences d'arbres ou de plantes sont en période de floraison. Soucieux de produire du miel de qualité et d'apporter une matière première qualitative à ses abeilles, Guido choisit les prés où il installe ses ruches avec la plus grande précaution. Souvent en agriculture biologique (AB), ces prés et prairies sont toujours cultivés dans une démarche respectueuse de l'environnement. Le résultat est sans appel : une grande diversité de fleurs s'épanouissent dans ces prairies, qui sont ensuite pollinisées par les abeilles elles-mêmes. Il en résulte un cycle naturel vertueux au sein duquel abeilles et fleurs vivent en parfaite harmonie. Les miels obtenus sont donc d'une qualité haut-de-gamme, pour le plus grand bonheur des gourmands !

LE RUCHER DU BARROIS
15, rue Saint-Jacques
✆ 06 48 15 80 18
huvig.sebastien@orange.fr
Esprit parc national. Ouvert du lundi au samedi. Produits à acheter sur RDV, sur les marchés locaux et via la Ruche qui dit Oui !
Sébastien Huvig est un apiculteur qui place le bien-être de ses abeilles comme une priorité absolue pour son activité. Équipé de 700 ruches qu'il a élevées lui-même avec des abeilles locales, Sébastien pratique la transhumance. C'est-à-dire qu'il installe les ruches de manière provisoire sur un terrain en période de floraison, puis il les déplace sur un autre pour profiter de nouvelles plantes en fleurs. Cela lui permet de produire du miel très spécifique, comme celui de tilleul ou d'acacia, qui est obtenu à certaines périodes de l'année seulement. Mais sa gamme est composée aussi du miel de printemps, d'été et de sapin. Découvrez également le miel de forêt, qu'il parvient à obtenir en laissant ses ruches dans les forêts du Parc national pendant plusieurs semaines. Son goût étonnant est absolument délicieux ! Laissez-vous tenter aussi par le miel de sarrasin, qui parvient à développer des saveurs de céréales tout à fait étonnantes. Le Rucher du Barrois vous propose aussi des produits transformés à partir du miel : propolis, pollen frais, nougat, guimauves et pain d'épices. En plus de concevoir de bons produits marqués *Esprit parc national – forêts*, Sébastien se fait une joie de vous livrer tous les secrets de la vie des abeilles et des manières d'améliorer leur bien-être dans votre propre jardin.

Bière La Choue Rousse.

LA SUCCULENTE OLIVIER SUC

1, maison Paulin
✆ 06 04 40 72 45
olivier.suc@sfr.fr
Ouvert le samedi de 7h à 13h. Vente de pain à la ferme le samedi matin uniquement.

La SuCculente Olivier Suc est une ferme un peu particulière. Tenue par Olivier Suc et sa famille, cette dernière s'est spécialisée dans la culture de blé tendre. Avec celui-ci, Olivier et sa famille se sont spécialisés dans la fabrication de tous types de pains et disposent aujourd'hui d'une belle réputation entre Arc-en-Barrois et Langres. Ficelles diverses et variées, pain de seigle, pain aux graines et leur pain-signature : le Paulin (jusqu'à 800 g).

BRASSERIE DE VAUCLAIR – LA CHOUE

Brasserie de Vauclair – La Choue
Lieu-dit Vauclair – Giey-sur-Aujon
✆ 03 25 01 00 40
www.la-choue.com
contact@la-choue.com
Via la route reliant Arc-en-Barrois à Giey-sur-Aujon.
Basse saison : ouvert du lundi au vendredi de 9h à 12h et de 13h à 15h. Haute saison : du lundi au vendredi de 9h à 12h et de 13h à 16h ; le samedi de 10h à 20h ; le dimanche de 17h à 20h. Haute saison du 1er mai au 31 août. Fermé les jours fériés. Basse saison de septembre à avril. Ouvert le dimanche (seulement du 2 mai au 31 août). Livraison possible (location de tireuses à bière sur commande. Devis personnalisé). Visite guidée sur rendez-vous et pour les groupes de 15 à 50 personnes : 3,30 €. Visite gratuite en haute-saison, sur inscription. avec dégustation.

La tradition haut-marnaise revit avec La Choue, brasserie artisanale installée dans la grange de l'ancien prieuré de Vauclair. Les bières sont brassées selon des méthodes traditionnelles de double fermentation. La Choue est une bière artisanale naturellement trouble grâce à un élevage sur lie de levures. On la trouve ici blonde, brune, blanche, triple refermentée et rousse. Les soirs de week-end, on peut boire une pinte sur place. Des visites guidées sont possibles.

LE PIGEON BARROIS

1, route de Blessonville
Richebourg
✆ 03 25 02 06 45
www.lepigeonbarrois.com
sandrine.noirot@lepigeonbarrois.com
Ouvert tous les jours. Achat sur réservation (par mail de préférence).

SÉBASTIEN HUVIG
Apiculteur du Rucher du Barrois

« J'ai fondé le Rucher du Barrois sur le tard, à plus de 35 ans, dans le cadre d'une réorientation professionnelle. Plus jeune, je voulais reprendre la ferme de mon père qui pratiquait la polyculture, mais il s'y est opposé en pensant que ce n'était pas viable économiquement. Je suis donc parti dans le secteur des Travaux Publics, où j'ai travaillé comme chef de chantier pendant environ 20 ans. Mais cet emploi ne correspondait pas à mes valeurs, notamment en ce qui concerne la protection de l'environnement. En plein questionnement sur mon avenir, un ami me donne une ruche. Très vite, je contacte des apiculteurs pour apprendre tout ce qu'il y a à savoir sur leur métier et sur la vie des abeilles. Dans le même temps, je fabrique ma première ruche, afin de comprendre son organisation, puis une deuxième, etc. C'est à ce moment-là que je fonde le Rucher du Barrois, afin de vivre de l'apiculture. Afin d'optimiser le bien-être de mes abeilles, j'apprends l'élevage des reines, qui sont au centre de l'organisation d'une ruche, ainsi que le maintien du cheptel d'une année à l'autre. Le résultat est rapidement là : je passe de 2 ruches en 2014 à 700 en 2019 ! Cette importance du bien-être animal m'amène à devenir Président du Groupement de Défense Sanitaire Agricole pendant 6 ans et à sélectionner des champs dépourvus de pesticides pour y laisser butiner mes abeilles. Grâce à la transhumance, je produis 7 miels différents, dont celui de forêts et de sarrasin sont les plus étonnants. Mon activité m'a permis d'obtenir la marque *Esprit parc national – forêts* en 2020, car nous partageons, le Parc national et moi-même, le même objectif de respecter le vivant sous toutes ses formes. »

© SÉBASTIEN HUVIG

Sébastien Huvig.

Sandrine et Olivier Noirot élèvent 800 couples de pigeons pour concevoir une large gamme de produits. Ils vendent tout aussi bien des pigeons et des pigeonneaux entiers prêts à cuire que des cuisses et des filets de pigeons à la pièce. En parfaits connaisseurs de cet oiseau, Sandrine et Olivier conçoivent aussi des plats cuisinés comme les quenelles et la tourte de pigeon, leur plat signature. Goûtez également leurs succulentes conserves, du pigeonneau aux lentilles aux gésiers de pigeon confits. Vous préférez les légumes ? Des potages vous attendent !

AUJON NOS LÉGUMES

Rue du Pré Garpard
Saint-Loup-sur-Aujon
✆ 06 36 62 74 42
lemaraicher.maisondecourcelles.fr/
aujonoslegumes@gmail.com

Esprit parc national. Ouvert le samedi de 10h à 12h. De mai à novembre ; présent sur les marchés de l'Aujon. Vente des légumes au poids.

Depuis 2013, Baptiste Galissot a développé une activité de maraîchage en agriculture biologique sur une surface d'un hectare. Le but était simple : faire pousser des légumes de saison, sans pesticide ou insecticide, dans le plus pur respect de l'environnement et du vivant. Baptiste a depuis réussi son pari en obtenant la marque *Esprit parc national – forêts* et en vendant en direct ses légumes de saison pour le plus grand bonheur des gens de passage et des riverains. En véritable passionné du maraîchage, il propose également des visites de son exploitation !

LE PAIN DE COURCELLES

Maison de Courcelles
7, rue Pierre Devignon
Saint-Loup-sur-Aujon
✆ 06 70 43 51 99
leboulanger.maisondecourcelles.fr
Adrien.ochem@orange.fr

Esprit parc national. AB (agriculture biologique). Ouvert le lundi, le mercredi et le vendredi de 17h30 à 20h. Les samedis matin de Mai à Octobre de 10h à 12h au marché vente à la ferme à Courcelles-sur-Aujon.

Ancien forestier à l'ONF, Adrien Ochem a repris la boulangerie de Courcelles en 2011. Il a appris la boulangerie en autodidacte afin de produire des pains différents de ceux que l'on trouve actuellement. Place aux blés anciens labellisés Bio et au levain naturel pour obtenir des produits de qualité. En lieu et place d'un four électrique, Adrien a opté pour la four à sole romaine chauffée au feu de bois. Le résultat est exceptionnel. Le pain, qui se conserve plusieurs jours sans difficultés, possède une croûte croustillante et une mise moelleuse à souhait.

FAVEROLLES

Faverolles est une commune peuplée de 95 âmes qui, malgré son faible peuplement, abrite plusieurs pépites naturelles et historiques. Niché dans un vallon, à environ 350 mètres d'altitude, ce bourg est entouré de champs cultivés, de forêts et est traversé par la Suize, seul cours d'eau du village. La présence d'une église paroissiale datant du XVIe siècle montre que le hameau était plus important dans le passé. D'ailleurs, la découverte du mausolée gallo-romain en 1980 souligne que le site était un carrefour important il y a environ 2 000 ans. Aujourd'hui,

Faverolles est un village bucolique comportant un joli musée archéologique et de superbes sentiers de randonnée qui n'attendent que vous !

A voir – A faire

■ ATELIER-MUSÉE ARCHÉOLOGIQUE

3, rue du Lingon ✆ 06 84 86 63 19
atelierarcheologiquefaverolles.fr
Ouvert d'avril à octobre. Basse saison : ouvert le week-end de 14h30 à 18h. Haute saison : du mercredi au dimanche de 14h30 à 18h. BS : mai, juin, sept, octobre. HS : juillet/août. Gratuit jusqu'à 16 ans. Adulte : 3,50 €. Demandeurs d'emploi 3 €. Accueil enfants (animations historiques et artisanales de mai à octobre). Animations.

Le mausolée de Faverolles, dont le site archéologique est accessible toute l'année, est complété par ce musée où le mobilier archéologique retrouvé lors des fouilles est entreposé. Un parcours pédagogique permanent vous permet de comprendre le contexte historique de son édification ainsi que les raisons qui ont pu pousser le riche commanditaire à se faire construire un mausolée à cet endroit. Des ateliers pour tous les âges permettent de comprendre la période romaine de façon ludique.

■ ÉGLISE SAINT-GERMAIN

3, cour Fontaine Saint-Germain
✆ 03 25 87 67 67
www.bienvenue-hautemarne.fr
Ouvert toute l'année. Tous les jours. Gratuit.

L'église Saint-Germain date du XVIe siècle et conserve son cimetière paroissial d'origine. De taille modeste, elle dispose d'une nef à vaisseau unique lambrissé qui a été rebâtie complètement au XVIIIe siècle. Mis à part la voûte en excellent état, le chœur est le deuxième élément à attirer le regard. Il est baigné de lumière grâce à l'ajout de baies en arc brisé de style gothique tardif tout à fait étonnant pour l'époque. Le clocher central, enfin, comporte des marques des Chevaliers de la Croix de Malte, attestant de leur participation à son élévation.

© PNFOR

Eglise Saint-Germain de Faverolles.

MAUSOLÉE GALLO-ROMAIN ★

✆ 03 25 87 67 67
www.bienvenue-hautemarne.fr
langres@attractivite52.fr
Situé à 15 km de Langres.
Monument Historique. Ouvert toute l'année. Tous les jours. Gratuit.

Au nord du village de Faverolles, figure l'un des monuments antiques les plus énigmatiques de Haute-Marne. Il s'agit d'un mausolée construit au 1er siècle de notre ère par un riche Lingon qui désirait être enterré au sommet de la crête. Le choix de cet emplacement ne s'est pas fait au hasard : il est situé en bordure d'une voie romaine qui reliait Langres à Reims. Lorsque vous empruntez le sentier de découverte du mausolée, vous tombez justement nez-à-nez avec les vestiges de la voie antique. En très bon état de conservation malgré ses 2 000 ans d'existence, elle comporte encore les ornières formées par les charrettes qui l'empruntaient quotidiennement. Le mausolée en lui-même, découvert en 1980 puis fouillé par des archéologues, comporte encore son enclos taluté rectangulaire, qui séparait ainsi le monde des morts et celui des vivants. Un circuit pédagogique, formé de panneaux explicatifs placés autour de cet enclos funéraire, vous aide à comprendre le contexte et les raisons de la construction d'un tel monument au milieu de la forêt. Grâce à des textes documentés et à des illustrations qui reconstituent le monument tel qu'il devait être, vous plongez dans le passé local. Les vestiges fouillés par les archéologues ont été mis en sécurité au sein du musée archéologique de Faverolles, situé dans le village. Vous pouvez vous y rendre pour avoir une idée précise de la minutie des diverses ornementations dont bénéficiait ce mausolée, ainsi que pour voir une reconstitution en modèle réduit de l'architecture du monument funéraire.

MAISON-DIEU DE MORMANT

Rue de l'Abbaye – Leffonds
✆ 06 43 37 11 26
maisondieumormant.com
mormant52@hotmail.com
Ouvert toute l'année. Tous les jours. Gratuit. Visite guidée (sur demande, prendre contact avec l'association « Renaissance de la Maison-Dieu de Mormant »).

La Maison-Dieu de Mormant accueillait les pèlerins malades qui se rendaient à Saint-Jacques de Compostelle dès le XIIe siècle. Le site, désormais aménagé en sentier pédagogique, vous permet de voir l'hôtellerie-réfectoire du XIe siècle, la Maison-Dieu du XIIe siècle ainsi que les vestiges du rempart. Vous pouvez visiter les cellules, l'hôpital, les travées où sont sculptées des coquilles Saint-Jacques. Un travail de réhabilitation est actuellement en cours pour transformer les bâtiments en site d'hospitalité pour les randonneurs de la *Via Francigena.*

TERRE ET CIEL DU BARROIS

15, rue Théodore Régnier
Villiers-sur-Suize ✆ 06 79 42 41 37
Terre-et-ciel@orange.fr
Esprit parc national. Ouvert toute l'année. Tous les jours. Les sorties se font les soirées pendant lesquelles la météo est optimale. Gratuit pour les événements astronomiques nationaux (type : nuit des étoiles, Jour de la nuit, etc.) ; entre 15 et 20 € par personne pour les sorties personnalisées.

Éric Gruot propose des animations d'observation astronomique depuis

20 ans. Au départ, il s'agissait d'un hobby. Il expliquait l'impact du soleil sur la vie sur Terre et notamment sur l'agriculture, qui n'existerait pas sans cet astre lumineux. Aujourd'hui, Éric dispose d'un planétarium mobile pour expliquer les bases de l'astronomie aux scolaires et aux enfants. Lauréat du concours « Slow Tourism » en 2022, il a pu acheter du matériel d'observation de haute qualité. Partez avec lui observer le ciel nocturne et écoutez les légendes mythologiques associées.

Se restaurer

AUBERGE DE LA FONTAINE

2, place de la Fontaine
Villiers-sur-Suize
✆ 03 25 31 22 22
aubergedelafontaine.fr
auberge-de-la-fontaine@wanadoo.fr

Fermé le lundi. Ouvert du mardi au vendredi le midi et le soir ; le samedi soir ; le dimanche midi. Réservation recommandée. Menus de 14 € à 28 €. Menu enfant : 9 €. Vin au verre. Chèque Restaurant.

Cette grande bâtisse avec les volets rouges et sa terrasse qui donne sur la place du village est une bien belle étape. Découvrez une auberge traditionnelle du Parc national de forêts, avec sa décoration rustique et chaleureuse. Installez-vous dans le salon, à côté de la cheminée en briques, pour déguster un repas au chaud. Savourez une cuisine traditionnelle, quasiment familiale, avec coq au vin et fromages du pays.

Si vous avez un bel appétit, alors choisissez la pièce de bœuf avec son beurre maître d'hôtel, plat signature de la maison !

ROLAMPONT

Rolampont est la commune du Parc national de forêts la plus proche de Langres. Existant depuis le Moyen Âge, elle s'est construite autour d'un château-fort médiéval et d'une église qui surplombaient la Marne il y a près de 1 000 ans.

La rivière, qui est encore un petit cours d'eau à cet endroit, occupe pourtant une place prépondérante dans le développement de Rolampont et dans son attractivité actuelle. Le canal entre Champagne et Bourgogne, creusé entre 1880 et 1907, a permis le passage des navires de marchandises à la fin de la Belle-Époque, faisant de Rolampont un important nœud de circulation fluviale au début du XXe siècle. Aujourd'hui, le fret a laissé la place à la plaisance, et Rolampont est devenue un village touristique apprécié des vacanciers voguant entre Champagne et Bourgogne. Sa halte nautique, son aérodrome et sa voie verte cycliste en font un lieu prisé des amateurs de loisirs sportifs. Un peu à l'ouest du bourg, la fameuse tufière de Rolampont apparaît comme une singularité géologique et naturelle majeure du Parc national de forêts. Classée comme zone Natura 2000, cette tufière attire des milliers de visiteurs par an qui se pressent pour admirer cette source pétrifiante, cascade qui cache une riche biodiversité.

A voir – A faire

ÉGLISE SAINT-PIERRE-ÈS-LIENS

1, rue de la Mairie

Monument Historique. Ouvert toute l'année. Tous les jours. Gratuit.

L'église Saint-Pierre-ès-Liens de Rolampont est un édifice médiéval modifié à plusieurs reprises au cours des siècles. Bâtie contre un château-fort aujourd'hui démantelé et remplacé par la mairie, cette église possède encore son chœur datant du XIIIe siècle. À l'intérieur, les grilles et les boiseries ont été récupérées dans l'abbaye de Morimond. Sa tour-porche de style Néoclassique, élevée juste avant la Révolution, est représentative de la sobriété décorative de cette époque.

LA TUFIÈRE DE ROLAMPONT ET LE MAUSOLÉE DE FAVEROLLES

Le sentier de la tufière de Rolampont et du mausolée de Faverolles est une boucle pédestre de niveau facile d'une longueur de 12 km. Le temps d'une marche d'environ 3h30, vous avez la chance de découvrir une grande concentration des richesses patrimoniales composant le Parc national de forêts. La première d'entre elles est la tufière de Rolampont, un site naturel enchanteur où la mousse se pétrifie lentement et devient une roche appelée tuf ! Cette singularité géologique, qui est présente en très grand nombre dans le Parc national, n'est pas le seul joyau naturel que vous verrez le long de ce sentier. Après avoir traversé le joli village de Courcelles-en-Montagne, vous pourrez apercevoir la source de la Suize, un petit cours d'eau accueillant une flore et une faune exceptionnelles. Près de la fin du circuit, une seconde source, celle de la Demoiselle cette fois-ci, est utilisée pour faire boire les montures des voyageurs depuis l'époque antique. La présence d'une voie romaine à environ 50 mètres de la source atteste de l'importance de cette voie dans la circulation des hommes et des marchandises il y a 2 000 ans de cela. Ce sentier vous fait alors marcher dans les pas des anciens qui faisaient parfois construire leur tombeau en bordure des routes, afin que les vivants ne les oublient pas. Le mausolée de Faverolles, placé contre la voie romaine, clôture idéalement cette promenade située à mi-chemin entre nature verdoyante et site archéologique à ciel ouvert. Les vestiges du mausolée gallo-romain de Faverolles constituent un témoignage archéologique exceptionnel. Au début de l'Empire, un Lingon de haut-rang social s'est fait construire sur son domaine un somptueux tombeau, haut de plus de 20 mètres. Situé en forêt, le site archéologique où furent découverts les vestiges du mausolée de Faverolles, permet d'admirer une reproduction du mausolée en taille réduite. Point de départ situé sur le parking de visite de la tufière de Rolampont.

LA TUFIÈRE DE ROLAMPONT ET LE MAUSOLÉE DE FAVEROLLES

Difficulté : Facile
Temps : 3h30
Longueur : 12km
Dénivelé positif : 679 m
Dénivelé négatif : 678 m

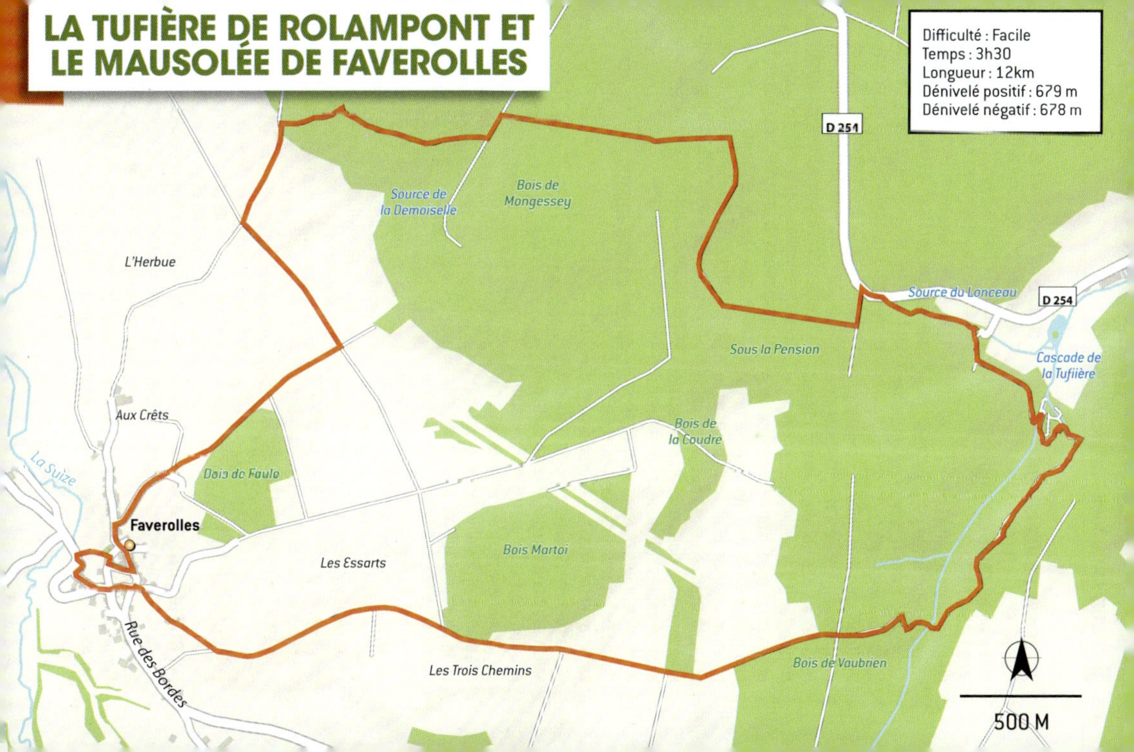

TUFIÈRE DE ROLAMPONT ★

Cau au Geai – D254
office de tourisme de Langres
✆ 03 25 87 67 67
langres@attractivite52.fr
Ouvert toute l'année. Accès libre. Tous les jours. Gratuit. Visite guidée avec l'application Idvizit.
Véritable escalier naturel sculpté par le ruissellement de l'eau, la tufière de Rolampont est un site naturel classé Natura 2000. Ce phénomène géologique et naturel se produit en permanence sous nos yeux depuis des milliers d'années. Lorsque l'eau de pluie s'infiltre dans le sol, elle traverse une couche calcaire puis rencontre des couches de marnes imperméables. Bloquée, l'eau affleure alors en sources et résurgences, ce qui donne lieu à une réaction chimique : le calcaire contenu dans l'eau précipite sous l'action des mousses pour former un dépôt solide. La roche poreuse qui en résulte est appelée « tuf ». La tufière de Rolampont est aussi une vraie réserve biologique car des plantes et des animaux trouvent dans cette source pétrifiante un espace idéal pour vivre et se reproduire. Protégée, la tufière est étudiée par des scientifiques qui la voient comme un réservoir de vie à ciel ouvert. Un sentier de découverte, agrémenté de panneaux explicatifs et pédagogiques, vous permet de tout comprendre sur ses spécificités et sur son importance le temps d'une randonnée de près de 2 km.

Se restaurer

FRITERIE DE ROLAMPONT

Z.I. Rolampont-Langres-Nord – D254
✆ 07 70 05 87 19
Fermé du 1er novembre au 15 mai. Ouvert du mardi au samedi le midi et le soir. Formule du midi : 12 €. Animations. Animations certains vendredis et samedis pendant la belle saison.
La friterie de Rolampont est un établissement à l'apparence d'une petite guinguette fort sympathique. Située en bordure de la D254, à deux pas du parking de la tufière de Rolampont, cette guinguette propose de délicieuses frites, ainsi qu'une large gamme de burgers, sandwichs et viandes pour les accompagner. Les plats sont copieux et disposent d'un très bon rapport qualité/prix. Le grand parking situé à l'entrée permet de s'y arrêter sur le trajet. Certains soirs d'été, des concerts et animations permettent de s'amuser autour d'un bon repas.

LES MARRONNIERS

2, rue de Lorraine
✆ 03 25 84 92 01
saslesmarronniers@orange.fr
Ouvert toute l'année. Du lundi au samedi de 11h45 à 14h. Pizzas à emporter du mercredi au vendi le soir seulement. Bar. Carte : 16 € environ. Menu enfant : 8,50 €. Plat du jour : 10,90 € (formule du jour : 3 plats 15,5 € ; formule + 24 €). Vin au verre. Terrasse. Vente à emporter.
Bienvenue à l'auberge des marronniers, tenue par le sympathique Davy Blot. Labellisé Bistrot de pays, ce restaurant convivial à la décoration chamarrée séduit par la diversité des plats à la carte et par son excellent rapport qualité/prix. Les belles pièces de viande de type entrecôte et filet de bœuf sont les incontournables de Davy, mais les burgers du moment sont tout aussi délicieux. Pour les végétariens, les salades sont copieuses, inventives, et faites avec des produits frais. La terrasse en été permet de profiter du soleil au calme.

© PAWLICA DESIGN

Tufière de Rolampont.

Sports / loisirs / activités

CANAL ENCHANTEUR

Voie verte entre Champagne et Bourgogne
veloenfrance.fr
Ouvert toute l'année. Tous les jours.

Le canal enchanteur est le surnom donné par les habitants au tronçon de la Voie verte entre Champagne et Bourgogne qui passe entre Chaumont et Rolampont. En vélo, vous suivez le canal qui longe la Marne et qui rejoint la Saône plus au sud. Vous traversez des paysages verdoyants et vallonnés au fil de l'eau, découvrez les écluses typiques du canal et croisez çà-et-là des ouvrages d'art plus anciens, derniers témoins de sentiers devenus aujourd'hui obsolètes. Bien aménagée, la Voie Verte est parfaite pour tous les niveaux de pratique du vélo et tous les âges.

VOL DE DÉCOUVERTE

Route de la Vigneule
✆ 03 25 03 13 77
www.aeroclub-langres-rolampont.fr
francis.bader@wanadoo.fr
Ouvert toute l'année. 1 ou 2 adultes : 150 € ; 1 adulte et 2 enfants : 160 € ; 3 adultes : 160 €.

L'Aero Club Langrois propose des vols de découverte au-dessus du Pays Langrois dont Rolampont fait partie. Durant 30 minutes, vous survolez le pays des 4 lacs, Rolampont, Faverolles et découvrez Langres, une ville fortifiée, depuis le ciel. D'autres sorties aériennes sont proposées dans l'aérodrome de Rolampont, dont des visites guidées du Pays Langrois depuis le ciel afin d'observer les différents types de paysages ou de comprendre l'organisation de l'espace opérée par l'être humain depuis des siècles. Le baptême de l'air est accessible aux petits et aux grands.

CIRCUIT INSOLITE

AUBERIVE

L'étymologie d'Auberive vient du latin *Alba Ripa*, qui signifie rive blanche, en référence à la transparence de l'eau de la rivière Aube qui traverse le village. Appelé ainsi par les moines qui fondèrent l'abbaye en 1135, Auberive est un village bucolique typique du Parc national de forêts. Au total, son territoire est recouvert à près de 70 % de forêts, gérées en majorité par l'ONF. C'est d'ailleurs cette vaste étendue forestière ainsi que la présence d'une source d'eau très pure qui favorisèrent l'installation d'une abbaye cistercienne au XIIe siècle. Jusqu'à la Révolution française, les moines exploitèrent la forêt, canalisèrent l'Aube et permirent le développement d'un village entier autour de leur monastère. Auberive résulte de la volonté des frères cisterciens de transformer une terre sauvage en un lieu de vie calme et superbe favorable à la prière et au travail manuel. Aujourd'hui, l'abbaye est privée, mais elle se visite et comporte même un centre d'art contemporain actif, qui organise des expositions temporaires chaque été. Une saison vivante, où spectacles et performances artistiques de qualité se succèdent, rythme le quotidien des habitants et des voyageurs de passage. Dans le village même, les restaurants de terroir et les hôtels de caractère invitent à l'exploration insolite des lieux. Quant aux alentours, ils regorgent de sites naturels remarquables qui se découvrent au gré d'une randonnée pédestre ou en arpentant des sentiers accompagnés d'un âne.

A voir – A faire

ABBAYE D'AUBERIVE ★

Place de l'Abbaye ✆ 03 25 84 20 20
www.abbaye-auberive.com

Fermeture annuelle aux vacances de Noël. Juin à septembre : ouvert le mardi (14h à 18h30) et du mercredi au dimanche (10h à 12h30 et de 14h à 18h30). Octobre et mai : ouvert le dimanche (14h à 18h). Basse saison : ouvert le dimanche de 14h à 18h. Haute saison : l'abbaye et le Centre d'art contemporain sont ouverts le mardi de 14h à 18h30 et du mercredi au dimanche de 10h à 12h30 et de 14h à 18h30. Gratuit jusqu'à 11 ans inclus. Adulte : 10 € (6,50 € en basse saison, centre d'art fermé). Enfant (de 12 à 18 ans) : 5 € (étudiants, demandeurs d'emploi, PMR sur justificatif). Visite guidée (pour les groupes, sur rendez-vous. Audioguide 2 €). Centre d'art contemporain de juin à septembre. Expositions et concerts.

Créée en 1135 sur les bords de l'Aube, cette abbaye est la 24e fille de Clairvaux. Malemenée durant la guerre de Cent Ans, puis reconstruite au 18e par les moines, elle est transformée sous la Révolution en une belle demeure entourée d'un parc. L'abbaye deviendra une prison pour femmes en 1856, puis d'enfants jusqu'en 1924 et sera réquisitionnée pendant la Seconde Guerre mondiale. Devenue une colonie de vacances en 1960, elle est rachetée en 2004 par la famille Volot qui y vit encore aujourd'hui et a restauré l'édifice, pour devenir un centre d'art contemporain.

JEAN-YVES GOUSTIAUX
Directeur du Centre d'Interprétation de la Nature d'Auberive

« Tout a commencé en 1998, lorsque des employés de la Ligue de l'Enseignement de Haute-Marne m'ont proposé de diriger leur pôle d'Auberive. Je devais l'ouvrir davantage au territoire, alors que le centre était depuis 1978 fixé sur la forêt d'Auberive. Nous sommes passés d'une pédagogie axée sur les scolaires à une sensibilisation pour tous les âges. L'équipe s'est pour cela agrandie avec l'arrivée de trois nouveaux membres. Cécile sera la nouvelle directrice du CIN car je prends ma retraite à la fin de l'année. Maïté s'occupe des activités pour les scolaires et Florie de celles pour le grand public. Ensemble, nous organisons une foule d'activités qui doivent remettre les publics dans la nature, leur faire revivre des choses essentielles et les aider à faire plus attention au vivant qu'ils côtoient. Nous emmenons les scolaires en immersion sur le terrain afin qu'ils développent un lien sensible avec les différents milieux naturels. Nous nous faisons le relais pédagogique du Conservatoire d'espaces naturels pour les zones Natura2000 et organisons des séjours estivaux pour les jeunes publics. Nous avons aussi mis en place la diagonale verte, une randonnée asine en itinérance sur 4 jours dans le Parc national de forêts. Nous possédons d'ailleurs la marque *Esprit parc national – forêts* pour notre écocamping. L'implantation du Parc national de forêts sur notre territoire est une très bonne nouvelle, car il apporte un coup de projecteur sur la protection de la nature. Il fait aussi évoluer les habitudes touristiques, car nous passons d'un territoire de passage à un territoire de destination. À notre échelle, nous contribuons à ce changement global. »

© CÉLINE LECOMTE

Cécile Mannevy et Jean-Yves Goustiaux.

© FRENCH WANDERERS

Abbaye d'Auberive.

■ CENTRE D'INITIATION A LA NATURE D'AUBERIVE

Jean-Yves Goustiaux et Cécile Mannevy
Ligue de l'enseignement
de Haute-Marne
Ecodomaine Chemins de Traverse
9 rue du Val Calvin
✆ 03 25 84 71 86 / 06 98 91 71 86
www.chemindetraverse52.org
cin.auberive@ligue52.org

Ouvert d'avril à octobre. Animations possibles toute l'année avec tous les publics sur l'écodomaine. Sorties nature, randonnées accompagnées, séjours enfants et jeunes, accueil et hébergement. Animations.

Le Centre d'Initiation à la Nature d'Auberive (CIN) est un centre d'accueil et d'éveil à la nature, à l'environnement et à la transition écologique et citoyenne. Il propose des journées, week-ends ou semaines thématiques pour tous les publics depuis la maternelle aux universitaires ou pour n'importe quel groupe constitué. C'est le riche plateau de Langres qui sert de terrain naturel d'étude avec ses forêts, rivières, sources et villages. Pour les particuliers, découvrez la rando en itinérance et les balades avec un âne ! Outre ces animations, le CIN d'Auberive vous accueille au sein de son écodomaine des Chemins de Traverse, bénéficiaire de la marque *Esprit parc national - forêts*. Des roulottes, des tentes nomades et des cabanes isolées sont à votre disposition pour vivre un instant fusionnel avec la nature alentour.

■ PORTE DE CŒUR – AUBERIVE

✆ 03 25 31 62 35

Ouvert toute l'année. Tous les jours. Gratuit. Animations organisées selon le programme d'animation du Parc national.

La porte de Cœur d'Auberive, située dans la forêt, est l'une des 4 portes de Cœur édifiées par le Parc national de forêts pour symboliser l'entrée dans le Cœur du Parc national. Son architecture s'inspire librement des manières locales de bâtir et le bois d'œuvre provient des forêts alentours. La porte d'Auberive met en avant la biodiversité comme élément fondamental pour la forêt et les acteurs naturalistes qui œuvrent depuis toujours à sa protection. Des animations sont organisées en été.

Se restaurer

AUBERGE ABBATIALE

3, rue de l Abbatiale
✆ 03 25 84 33 66
www.aubergeabbatiale.fr
auberge-abbatiale@club-internet.fr

Ouvert toute l'année. Tous les jours le midi et le soir. Réservation recommandée. Carte : 30 € environ. Hébergement, 5 chambres de 135 à 240 €, petit déjeuner compris. Accueil des groupes. Jardin. Terrasse.

Envie de manger dans une auberge à l'allure médiévale ? C'est ce que vous propose l'Auberge Abbatiale, qui est en fait l'ancien palais abbatial du XIIe siècle restauré ! Les différentes salles disposent alors d'immenses cheminées, de tables monastiques avec chandeliers, de fours à pain ou de vitraux qui vous plongent dans le temps. La cuisine traditionnelle met à l'honneur les produits de la région avec au menu salade langroise, feuilleté d'escargots ou croûte forestière. Certains soirs, des menus médiévaux sont préparés pour une immersion plus forte encore.

LES TILLEULS

Rue de l'abbatiale
✆ 03 25 84 20 24

Ouvert du mardi au samedi le midi et le soir. Sans réservation. Menus de 15 € à 20 € (15 € 2 plats ; 20 € 3 plats). Vin au verre.

Aux Tilleuls, c'est Mireille qui est au four et au moulin. À la fois cuisinière et serveuse, elle vous accueille comme si vous vous rendiez chez une amie de longue date. Côté menu, attendez-vous à du fait maison avec des terrines de chevreuil ou du foie gras préparés par Mireille en personne. Les plats sont copieux et faits maison, avec une vraie spécialité pour la tradition française, du bœuf bourguignon à la langue de bœuf. La carte change souvent au gré des saisons et de l'inspiration de Mireille. Convivialité et gourmandise résument bien Les Tilleuls.

Emplettes

ABBAYE D'AUBERIVE

Place de l'Abbaye
✆ 03 25 84 20 20
www.abbaye-auberive.com
contact@abbaye-auberive.com

Esprit parc national. Haute saison : ouvert le mardi de 14h à 18h30 ; du mercredi au dimanche de 10h à 12h30 et de 14h à 18h30. Mai et octobre : le dimanche de 14h à 18h.

Au cours des années 1960, les moines bénédictins vivant dans l'abbaye d'Auberive ont planté des pommiers et des poiriers. Désormais, ces vergers conservatoire abritent plusieurs dizaines d'essences différentes. À l'automne, la cueillette commence et permet de fabriquer ce jus de pomme marqué *Esprit parc national – forêts* garanti sans sucre ajouté, ni colorant ou conservateur. Issu de 30 variétés différentes de pommes, ce jus est tout bonnement délicieux.

LES CHENEVIÈRES DE COLMIER-LE-HAUT

15, Grande Rue
Colmier-le-Haut
✆ 09 81 30 95 24
julie.frymyer@gmail.com

AB (agriculture biologique). Esprit parc national. Ouvert du lundi au samedi. Prendre RDV pour acheter à la ferme. Présente à la Maison de Courcelles et sur le marché d'Auberive.

Julie a réhabilité un ancien verger où l'on trouve notamment des pommiers, des noyers et même des cerisiers. Au-delà des fruits, qu'elle propose au poids ou qu'elle fait sécher, Julie produit aussi des légumes de saison en agriculture biologique. Marquée *Esprit parc national – forêts*, sa production est tournée vers les fruits et les légumes que l'on ne trouve pas à chaque coin de rue. Découvrez les nombreuses variétés de pommes de terre de conservation et le fameux myrobolan.

■ LA MAISON DES BIQUETTES
12, Chemin du mont de craie
Colmier-le-Haut
✆ 06 67 19 79 99
www.fromage-chevre-52.fr
lamaisondesbiquettes@gmail.com

Esprit parc national. AB (agriculture biologique). Ouvert du lundi au vendredi de 8h30 à 18h. Livraison possible (livraison à domicile dans toute la France avec Chronofresh).

Depuis 2017, la Maison des Biquettes élève environ 200 chèvres en agriculture biologique. Le lait collecté permet de concocter divers produits laitiers et fermiers marqués *Esprit parc national – forêts*, dont le crottin, la pyramide ou la brique nature qui possèdent une saveur sans pareille. Découvrez également les yaourts et fromages blancs à l'onctuosité étonnante. Appréciant la cuisine, Marylène Dupaquier propose des produits inattendus, dont la crème aux œufs, absolument exquise, et la confiture de lait à la vanille pour les grands gourmands.

LA BUTTE DE TALOISON

Le circuit de la butte de Taloison est une boucle de 8 km, avec un dénivelé positif modéré, la rendant accessible à petits et grands. Faisable en 2h30 de marche à vitesse moyenne, elle mène le promeneur sur l'un des sites naturels les plus remarquables du Plateau de Langres. Sur la butte de Taloison, le sol calcaire et très perméable a favorisé la pousse de fleurs adaptées aux climats secs, voire méditerranéens. Une rareté dans le paysage du Parc national de forêts ! Restez à l'affût pour reconnaître l'Ophrys bourdon ou l'Aster amelle en cours de route. Le long du chemin, vous arpenterez également le fond de la vallée, où se trouve le village de Bay-sur-Aube, ainsi que le mont situé de l'autre côté de la rivière. De là-haut, un superbe panorama sur la vallée de l'Aube et la butte de Taloison s'offre à vous. Au cœur du village, l'église Saint Hippolyte (classée Monument Historique depuis 1906) est considérée comme un chef-d'œuvre gothique, qui traduit en même temps toutes les caractéristiques de l'art roman. Un moment unique dans l'année : tous les ans, le 13 août, jour de la Saint Hippolyte, le soleil se lève à 7 heures 10. Ce jour-là, s'il fait beau, les rayons du soleil traversent l'oculus et les vitraux du chœur, illuminant de couleurs l'allée centrale jusqu'à la porte d'entrée : une expérience unique. Point de départ sur le parking de la mairie de Bay-sur-Aube.

CIRCUIT DE LA BUTTE DE TALOISON

Difficulté : Intermédiaire
Temps : 2h30
Longueur : 8 km
Dénivelé positif : 604 m
Dénivelé négatif : 611 m

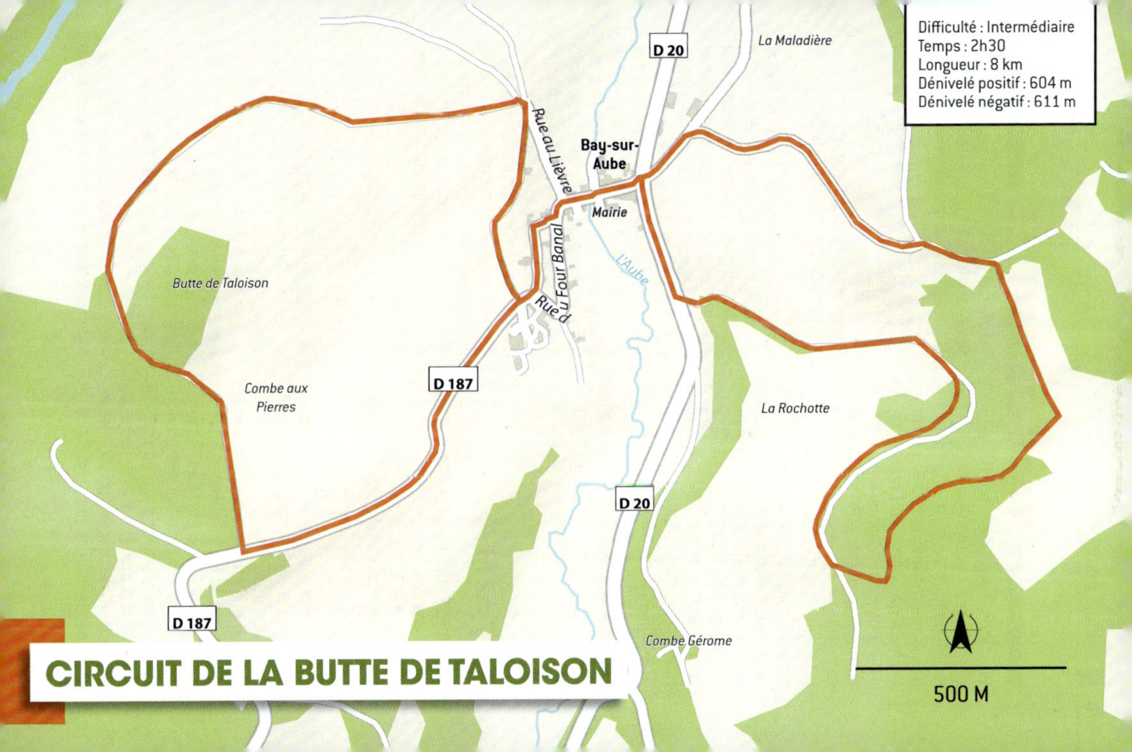

VALS-DES-TILLES

Vals-des-Tilles fait partie de ces communes nouvelles nées d'un regroupement de plusieurs hameaux. Inauguré en 1983, le village comprend les anciens bourgs de Chalmessin, de Villemervry, de Lamargelle-aux-Bois, de Villemoron et de Musseau. Les paysages vallonnés et verdoyants, couplés à la présence de la Tille, une rivière au cours sinueux, ont inspiré le nom de cette nouvelle commune rurale. Plusieurs sites naturels étonnants, tels que le marais de Chalmessin ou les lapiaz de Musseau, soulignent combien l'eau a joué un rôle central dans l'apparence actuelle des paysages du village. Les lavoirs, églises et fontaines publiques, très bien préservés ici, apportent une touche pittoresque à un bourg qui séduit les amoureux de randonnée et de patrimoine.

A voir – A faire

■ ARBORETUM DES CHARMETTES

1, Rue des Autures
✆ 06 08 36 95 57
Ouvert des vacances de Pâques jusqu'aux vacances de la Toussaint. Gratuit. Animations.

L'arboretum des Charmettes est un terrain de 5 000 m² qui possède une particularité : toutes les essences d'arbres et d'arbustes qui poussent sur le territoire du Parc national de forêts y sont regroupés. Chênes, hêtres et autres frênes s'y trouvent en grand nombre, accompagnés par des arbres que l'on trouve dans d'autres régions d'Europe. Il y a également des sapins, que l'on trouve habituellement dans les montagnes, et même des sorbiers. Étiquetés, les arbres vous permettent d'apprendre tout en profitant d'un calme bienfaisant.

■ MARAIS DE CHALMESSIN – PORTE DE CŒUR

✆ 03 25 31 62 35
www.forets-parcnational.fr
A proximité du Vals-des-Tilles, D 189a.
Ouvert toute l'année. Tous les jours. Gratuit. Une des quatre portes de Cœur du Parc national de forêts qui symbolisent l'entrée dans le Cœur du Parc national. Point de départ pour des animations.

Ce site est remarquable, constitué de paysages naturels exceptionnels et d'espèces animales et végétales protégées. La faune du marais se compose notamment de 3 espèces de papillons menacées : la bacchante, le damier du frêne et le fadet des tourbières. Un sentier de découverte vous permet de vous immerger dans cette nature fascinante. À noter : le marais est devenu porte de Cœur du Parc national en 2020, avec des animations du Parc national en été.

Emplettes

■ HERBERIE DE LA TILLE

4, rue des Quatre-Noyers
Villemervry
✆ 06 13 84 44 54
www.herberiedelatille.fr
herberiedelatille@gmail.com
Ouvert tous les jours. D'avril à octobre. Ouvert le dimanche. Esprit parc national – forêts.

Dans son jardin de 3 000 m², Elsa cultive plus de 60 plantes médicinales et aromatiques, qu'elle sèche elle-même et transforme en produits destinés à la vente. Venez visiter le jardin et la manière dont poussent ensemble les plantes, et discutez avec la propriétaire passionnée des lieux qui aime partager son savoir-faire avec les gens. Elsa organise aussi des ateliers de découverte pour vous aider à différencier les plantes médicinales des plantes toxiques. En boutique, cette herboriste propose aussi des tisanes, décoctions et plantes séchées. Enfin Elsa propose aussi une offre d'hébergements insolites (un tipi et une roulotte) marqués *Esprit parc national.*

© CÉLINE LECOMTE - OFB

Tipi de l'Herberie de la Tille.

■ LES ESCARGOTS DU PLATEAU
27, Grande Rue
Chalancey
✆ 06 33 41 32 31
www.escargots-du-plateau.com
escargotsduplateau@gmail.com
Ouvert tous les jours. Appeler avant de s'y rendre. Aucun horaire fixe.
Les escargots ne sont pas uniquement réputés en Bourgogne ; ils le sont aussi en Haute-Marne ! Dans cette ferme familiale, retrouvez des escargots élevés, ramassés, nettoyés et préparés sur place. Ils sont court-bouillonnés au vin blanc puis préparés dans différentes recettes locales. Retrouvez-les sous la forme de bocaux, en surgelés ou en vrac directement à la ferme. La qualité des Escargots du Plateau a valu à cette charmante famille le label « Made in Pays de Langres ». Passionnés, les gérants vous révèlent aussi plusieurs manières de les cuisiner.

LE MONTSAUGEONNAIS

Le Montsaugeonnais est une commune nouvelle créée en 2016 grâce à un regroupement de 3 communes. Montsaugeon, tout d'abord, est un bourg médiéval bâti sur une butte qui culmine à 338 m d'altitude. Situé face à un lac, ce village a tout du joli village pittoresque : des halles dédiées au marché, des portes fortifiées, des maisons médiévales à colombages et une belle église. Aujourd'hui peuplé par 80 personnes environ, Montsaugeon vous invite à la quiétude et à effectuer un bond dans le passé le temps d'une visite. Les deux autres communes regroupées dans Le Montsaugeonnais, Prauthoy et Vaux-sous-Aubigny, sont plus peuplées et disposent de nombreux commerces de bouche, comme le caveau du Muids Montsaugeonnais et la fromagerie Germain. Terre de patrimoine historique et culinaire, Le Montsaugeonnais offre aussi de beaux panoramas grâce aux diverses collines et vallons qui le caractérisent.

A voir – A faire

JARDIN D'ISABEAU

3, Rue de la Villain
Le Montsaugeonnais
✆ 06 07 23 51 30
jardindisabeau@gmail.com
Fermé du 22 septembre au 31 mars. Ouvert le mercredi, le vendredi et le samedi de 14h à 19h ; le dimanche de 10h à 19h. Adulte : 6 €. Découverte pédagogiques des plantes médicinales sur 1h 10€/pers ; visite du jardin + repas sur place + visite du village 9€. Visite guidée. Animations.

Le Jardin d'Isabeau est une reconstitution d'un jardin de plantes comestibles et médicinales du XIIIe siècle. Il a été conçu par une herboriste passionnée par le Moyen Âge qui s'est basée sur un ouvrage de l'époque médiévale pour redonner vie à cet espace cultivé. Le lieu est aussi dédié au spectacle vivant car Isabeau, personnage féminin en tenue d'époque, vous accueille chaleureusement dans le but de vous éclairer sur les diverses plantes que vous croisez. Immersive et insolite, la visite complète parfaitement l'exploration de la cité de Montsaugeon.

Se restaurer

AUX BADINEURS

15, avenue de Bourgogne
Le Montsaugeonnais
✆ 03 25 84 56 60
Fermé le dimanche. Ouvert du lundi au samedi le midi ; du jeudi au samedi le soir. Réservation recommandée. Menu unique à 18 € (menu « à la Pizz » pizza à partager + salade + glace). Menu enfant : 9 € (petite pizza + salade + glace). Formule du midi : 15,50 € (entrée + plat en buffet à volonté + dessert).

Aux Badineurs est un bar-restaurant proposant une cuisine familiale, copieuse et qualitative. Des pizzas à partager en famille ou entre amis à la formule du midi qui vous donne accès à un buffet à volonté pour les plats chauds, vous vous régalez à petits prix. L'ambiance conviviale est favorisée par la gentillesse des patrons qui n'hésitent pas à prendre un peu de temps pour vous expliquer le concept du restaurant ou à vous aider à choisir le vin pour accompagner votre plat. Simplicité, gourmandise et gentillesse font d'un repas Aux Badineurs un bon moment.

Emplettes

FROMAGERIE GERMAIN

Rue du champ Miolin
Le Montsaugeonnais
✆ 03 25 84 89 50
www.fromagerie-germain.com
contact@fromagerie-germain.com

La fromagerie Germain existe depuis 1921 et est une véritable institution dans le Montsaugeonnais. Sa boutique vous permet de découvrir tous les fromages AOP de Haute-Marne, mais aussi de Côte-d'Or. Une place spéciale est faite au fromage de Langres AOP qui est fait à une quinzaine de kilomètres de là. Sur les conseils des vendeurs, d'autres perles sont à découvrir, tels que l'Époisses, le Roussin et le méconnu Affiné au Chablis.

La fromagerie Germain sélectionne les producteurs avec soin pour concentrer au sein de sa boutique les meilleures appellations.

DOMINIQUE BERNARD
Vigneron du Muid Montsaugeonnais

« Ma femme Isabelle et moi-même avons obtenu un BTS viticulture-œnologie à Beaune, puis nous avons été recrutés par l'E.A.R.L. du Muid Montsaugeonnais en 1989. Nous avons commencé le travail en plantant 9 ha de vignoble, puis nous avons augmenté la surface pour atteindre 14 ha aujourd'hui. Dès le début, nous avons sélectionné 4 cépages : le Chardonnay et l'Auxerrois pour le blanc ; le Pinot noir et le Gamay pour le rouge. Après des débuts difficiles, nous connaissons enfin une récolte digne de ce nom en 1992. Depuis, le succès est au rendez-vous : nos vins ont vite obtenu la dénomination Vins de Pays/IGP Haute-Marne. Lors du Concours Général Agricole 2024, notre Pinot Noir de 2022 a obtenu la médaille d'or, tandis que notre Pinot noir 2022 élevé en fût a eu la médaille d'argent. C'est une vraie récompense pour nous, alors que peu de gens croyaient en ce projet de renouveau en 1989. Aujourd'hui, nous nous lançons dans une démarche environnementale en convertissant nos parcelles en bio depuis 2020. Pour nous, c'était une démarche logique qui nous a notamment permis d'obtenir la marque *Esprit parc national – forêts* dès sa création. Plus largement, les équipes du Parc national nous accompagnent dans la conversion de nos parcelles et nous aident à trouver des subventions pour renouveler nos outils viticoles. Nous sommes en train de planter 2 ha de vigne supplémentaires afin de préparer l'avenir et mieux résister aux bouleversements climatiques en cours. À l'heure actuelle, malgré ces aléas météorologiques, nous commercialisons 17 références de vins tranquilles et effervescents dont tous les habitants du Montsaugeonnais sont fiers. »

© AURÉLIEN MALHERBE

Dominique Bernard.

LE MUID MONTSAUGEONNAIS

23, avenue de Bourgogne
Le Montsaugeonnais
✆ 06 70 55 02 86
www.muidmontsaugeonnais.fr
muidmontsaugeonnais@orange.fr

AB (agriculture biologique). Esprit parc national. Ouvert le mercredi de 9h à 12h ; le vendredi de 14h à 18h ; le samedi de 9h à 12h et de 14h à 18h. Visites du caveau et de la cuverie sur rendez-vous. Juin, juillet, août, septembre et décembre : ouvert du mardi au samedi 9h-12h et 14h-18h. Chardonnay 75 cl 9,30€, Pinot Noir 75 cl 9,30€.

Le Muid Montsaugeonnais est un domaine viticole singulier à plus d'un titre. Il l'est pour son fonctionnement interne car l'établissement est géré par l'Association pour le Renouveau du Vignoble En Montsaugeonnais. Aujourd'hui, plus de 750 sociétaires participent à son bon fonctionnement. Singulier, le domaine l'est aussi pour son histoire. Alors que la viticulture était très présente dans la région au Moyen Âge, le phylloxéra vint tout détruire au XIXe siècle. Il a fallu attendre 1989 pour que les premiers hectares de vigne soient replantés, et 1992 pour que la première vraie récolte ait lieu. Deux vignerons originaires de Côte-d'Or ont su faire renaître les vins du Muid Montsaugeonnais de leurs cendres : Dominique et Isabelle Bernard. Au total, ils produisent aujourd'hui 17 références de vins tranquilles et effervescents à partir de 4 cépages : Chardonnay, Pinot Noir, Auxerrois et Gamay. Auréolés de plusieurs prix obtenus lors du Concours Général Agricole, les vins du domaine sont marqués *Esprit parc national – forêts*, et partiellement en Agriculture Biologique (AB).

BRASSERIE LINGONE

Lingone – Bières et Spiritueux de Haute-Marne
Lieu-dit Lavau
Rivière-les-Fosses
✆ 03 25 86 29 74
lingone.fr
contact@lingone.fr

AB (agriculture biologique). Ouvert le lundi de 14h à 20h ; le vendredi de 9h à 12h et de 14h à 0h. Soirées thématiques et concerts les vendredis soirs.

Lancée en 2022, la Lingone s'est déjà fait une belle réputation. La Blanche de Langres a été récompensée de la médaille d'or du Concours Général Agricole 2024 tandis que la Voûtue Tradition, une blonde, a chipé la médaille d'argent. Au total, le brasseur propose 6 références permanentes en agriculture biologique. À noter : la Lingone est aussi une distillerie qui sort courant 2025 son premier whisky Bio et 100 % local. Chaque vendredi soir, un concert ou une retransmission sportive vous permet de vous amuser en dégustant les produits de la brasserie/distillerie.

S'amuser - Sortir

LA TOUR DES VILLAINS

3, rue de la Villain
Le Montsaugeonnais
✆ 06 33 35 91 32
www.montsaugeon.fr
tour@montsaugeon.fr

Ouvert le mercredi de 12h à 20h30 ; du jeudi au samedi de 12h à 0h30 ; le dimanche de 9h à 20h. Brunch samedi/dimanche 9h-12h.

La Tour des Villains est bien plus qu'un simple bar. C'est un tiers-lieu associatif où chaque bénévole donne de son

Sabot de Vénus.

temps pour aider autrui à apprendre une spécialité ou à passer un bon moment. Sur place, découvrez la partie petite restauration et bar, mais aussi les cours de chant et d'instruments de musique. Des bénévoles organisent également des visites commentées de la cité médiévale de Montsaugeon, et le lieu fait aussi résidence d'artistes. Toute l'année, des concerts et spectacles ont lieu à la Tour des Villains, l'endroit le plus chaleureux du village.

AUJEURRES

Aujeurres pourrait bien être le village le plus insolite de votre séjour dans le Parc national de forêts. Terre de légendes, il aurait tout aussi bien pu se situer dans le Gévaudan à l'époque où la fameuse bête terrorisait l'actuelle Lozère. Sur la place du village, trône une fontaine surmontée d'une sculpture de bête ailée qui recrache l'eau en continu. Cette Peûte Bête, comme elle est appelée ici, provient d'une légende locale de la fin du XVIIIe siècle. Il y a près de 250 ans, une bête ailée tuait aussi bien les moutons que les bœufs, les loups ou encore les êtres humains. La légende raconte que les chasseurs ne la trouvèrent jamais, mais qu'elle avait assez effrayé les habitants d'Aujeurres et de ses environs pour qu'une statue à son effigie soit placée au centre du village. Tout le bourg et ses alentours immédiats sont nimbés de mystères que vous pouvez tenter de percer au fil de votre exploration des lieux. Suivez les Gorges de la Vingeanne, véritable canyon naturel, ou arpentez les sentiers menant aux Gorges de Senance, moins connues que les premières mais tout aussi étonnantes. Entre nature à l'aspect onirique et patrimoine mystérieux, Aujeurres n'a pas fini de fasciner.

VISITE

A voir - A faire

FONTAINE DE LA PEÛTE BÊTE

Place de la Peûte-Bête

Ouvert toute l'année. Tous les jours. Gratuit.

Inscrite aux monuments historiques en 1929, cette fontaine ronde au cœur du village étonne. Elle représente une chimère : la Peûte-Bête, monstre aux allures de dragon positionné comme un sphinx et dont l'eau jaillit d'entre les crocs. Elle fut réalisée en 1836 d'après des dessins de l'architecte langrois Onésime Luquet, sans doute inspiré par une gravure de Dürer. Certains la rattachent à une légende fantastique haut-marnaise, quand d'autres y voient le symbole du paganisme victorieux sur le christianisme après les affres de la Révolution. À noter que d'autres gargouilles et lavoirs se retrouvent çà-et-là dans ce joli village d'Aujeurres.

Emplettes

LE RUCHER DES SOURCES

2, Impasse de la Verrerie
Aprey
✆ 06 37 14 54 11
lerucherdessources.fr
contact@lerucherdessources.fr

Esprit parc national. AB (agriculture biologique). Ouvert du lundi au samedi. Achat à la ferme sur RDV.

Cécile et Fabien sont deux apiculteurs ayant démarré leur activité à Aprey en 2012. Passionnés par leur métier, ils se sont spécialisés dans l'élevage d'abeilles noires, une espèce locale assez rare. Au total, ils produisent 8 sortes de miel, avec les traditionnels été et printemps, mais aussi des gammes plus étonnantes. Goûtez au miel de forêt, obtenu avec des plantes qui poussent seulement dans les forêts, ou encore le miel d'acacias, qui développe parfois des nuances subtiles de vanille. Si vous aimez les notes légères de céréales, alors le miel de sarrasin aura vos faveurs, tandis que celui de tilleul propose des arômes naturellement mentholés tout à fait étonnants. La diversité de la gamme de miels, mais aussi les produits transformés obtenus à partir du miel (bougies, nougat, etc.) valent à nos deux apiculteurs le label AB.

JARDIN BIO DE VAILLANT

Espace Solidaire Guy Jannaud
4, Ancienne Gare – Vaillant
✆ 03 25 88 99 72
www.regierurale.fr
contact@regierurale.fr

AB (agriculture biologique). Esprit parc national. Vente de fruits-légumes sur les marchés du sud Haute-Marne en été seulement.

© JEAN-FRANCOIS FEUTRIEZ

Gorges de la Vingeanne.

Le jardin bio de Vaillant est un service de maraîchage en agriculture biologique proposé par l'association de la Régie du Plateau. Sur place, des personnes en réinsertion professionnelle cultivent 2 ha de jardin et 4 ha de vergers. Plus de 60 variétés de légumes et de fruits certifiés AB et *Esprit parc national – forêts* sont vendus sous forme de paniers hebdomadaires aux adhérents. Bonne nouvelle : vous pouvez aussi en bénéficier en vous rendant sur les marchés de Haute-Marne en été. Découvrez des fruits & légumes bio à un prix défiant toute concurrence.

Sports / loisirs / activités

■ LES GORGES DE LA VINGEANNE

Place de la peûte-bête

Ouvert toute l'année. Tous les jours.

La place de la Peûte-Bête d'Aujeurres est le point de départ de l'une des randonnées pédestres les plus insolites du Parc national de forêts. Sur un parcours de près de 17 km, qu'il est possible de réaliser en 4h30 environ, vous partez explorer les Gorges de la Vingeanne. Cette rivière, qui prend sa source sur le Plateau de Langres, serpente ici sur le plateau calcaire depuis des dizaines de milliers d'années, creusant inlassablement son lit. Aujourd'hui, c'est un véritable canyon qui atteint parfois 60 mètres de profondeur, qui offre un spectacle à la fois majestueux et insolite sur le territoire haut-marnais. Accessibles en toutes saisons, les Gorges de la Vingeanne offrent une apparence très changeante d'un mois à l'autre. Au printemps, l'ail des ours tapisse le sol d'une blancheur ravissante. En été, la profondeur des gorges permet au promeneur de trouver un refuge contre la chaleur. En automne et en hiver, les feuilles mortes encore accrochées aux arbres ou qui jonchent le sol donnent des tons multicolores à la balade. Un sentier singulier où la beauté de la nature est reine.

GRANCEY-LE-CHÂTEAU-NEUVELLE

Grancey-le-Château-Neuvelle est l'un de ces villages offrant une vue imprenable aux voyageurs venant de la route de Dijon. Le panneau d'entrée de la commune à peine passé, on aperçoit des maisons typiquement médiévales plaquées contre une muraille ceinte de tours de fortifications. Au sommet de ce promontoire, un château de style Classique accolé à une petite église nous transporte quelques siècles en arrière. À Grancey, la vie est paisible et axée autour des patrimoines naturel et historique. Le lavoir XIXe siècle et la présence du ruisseau des Tilles en fond de vallée rappellent l'importance de l'eau dans le développement des villages d'antan. Découvrez les rues étroites qui datent de plusieurs siècles, arpentez les sentiers du parc du château où les vestiges d'un ancien jardin à la française sont encore visibles. Profitez de la présence de plusieurs gîtes de caractère pour passer un séjour reposant et bucolique au sein de l'un des plus beaux villages du Parc national de forêts.

POINT INFORMATIONS TOURISTIQUES

6, rue Pauferi
✆ 07 72 22 92 35
granceylechateauneuvelle.fr
Du mardi au dimanche en juillet et août de 14h à 18h. Infos touristiques sur Grancey-le-château et les alentours. Visites guidées, dépliants informatifs.
Depuis 2021, la commune a ouvert ce Point informations touristiques pour offrir aux vacanciers les informations de base sur la découverte du village et de ses environs immédiats. Un plan du territoire est disponible, mais aussi des dépliants sur les randonnées à ne pas rater et les lieux patrimoniaux à visiter en priorité. En juillet et août, des visites guidées du potager du château et de sa collégiale sont aussi organisées chaque semaine par des passionnés de la commune.

VISITE DE GRANCEY-LE-CHÂTEAU

6, rue Pauferi
✆ 07 72 22 92 35
granceylechateauneuvelle.fr
Fermé du 1er septembre au 30 juin. Visites guidées en juillet-août uniquement. Ouvert du mardi au dimanche de 14h à 18h.
Le Point Informations Touristiques de Grancey-le-Château vous propose deux visites pour explorer le village et ses principaux points d'intérêt. Une visite libre du village est faisable grâce à un fascicule disponible au point info. Une carte illustrée du village vous indique un circuit de découverte pour voir le parc du Château, les rues médiévales et le lavoir XIXe siècle. Une visite

guidée de la collégiale et du potager du château a lieu chaque jour. Réservations au point info.

A voir – A faire

CHÂTEAU ET COLLÉGIALE

Grande-Rue
✆ 03 80 75 63 45

La collégiale et le jardin potager se visitent sur demande au point info, en juillet et août, ainsi que lors des Journées du Patrimoine.

Au Moyen Âge, Grancey-le-Château est une importante place forte. Pendant la guerre de Cent ans, le seigneur de Grancey reste fidèle au roi de France, contre le duc de Bourgogne qui, pour se venger, prend d'assaut la ville et fait démanteler la forteresse. Le château actuel est construit au début du XVIIIe siècle, peu de temps après le château de Versailles. Il est alors surnommé « le petit Versailles de Bourgogne ». Dans la cour, il reste encore la collégiale Saint-Jean, véritable joyau de l'art gothique, fondée en 1365 par les seigneurs locaux.

© JONAS JACQUEL

Grancey-le-Château-Neuvelle.

SALIVES

Salives est un site habité depuis plus de 2 000 ans grâce à la présence de la source de la Tille, une rivière qui arrose la plaine de Côte-d'Or et se jette ensuite dans la Saône. Cette source, qui était appelée « Aqua Saliva », soit source jaillissante, pendant la période romaine, a donné le nom au village actuel. Véritable bijou d'architecture, grâce aux différents édifices privés et militaires datant du Moyen Âge, Salives conserve un donjon du XIe siècle, des remparts sur plusieurs kilomètres ainsi qu'un très beau lavoir au centre-bourg. Le patrimoine du lieu est tel que des passionnés ont voulu le mettre à la portée de tous en créant plusieurs circuits thématiques d'interprétation. Découvrez le circuit géologique, pour comprendre comment s'est formé le paysage alentour, le circuit du marais tufeux, pour voir cette singularité naturelle, ou encore le circuit héraldique pour explorer l'histoire des grandes familles médiévales de Salives. Une étape incontournable pour comprendre le patrimoine du Parc national de forêts.

SYNDICAT D'INITIATIVE DE SALIVES

Rue du Moulin
www.salives.com
mairie.salives@orange.fr
Ouvert du lundi au vendredi de 8h à 11h. Ouvert également sur rendez-vous pour des visites guidées de groupe dans le village.
Le Syndicat d'Initiative de Salives vous donne tous les documents utiles à votre séjour. Tour de son remarquable patrimoine. Salives est également le point de départ de nombreuses randonnées, dont le circuit héraldique. Ce dernier est un jeu de piste qui permet de découvrir les demeures remarquables du village et l'histoire de ses illustres familles.

Salives.

A voir - A faire

CIRCUIT HÉRALDIQUE

D19
✆ 03 80 75 64 09
www.salives.com/Loisirs.j.htm
Ouvert toute l'année. Tous les jours.
Le Syndicat d'Initiatives de Salives a mis en place un circuit pédestre d'un peu plus de 3 km pour découvrir les principaux édifices du village ainsi que les illustres familles qui y habitaient. L'héraldique, cette discipline qui vise la reconnaissance des différents blasons familiaux, est ici mise à l'honneur. Chaque maison emblématique possède son panneau explicatif qui vous fait découvrir la famille qui l'a construite et qui y a vécu pendant des siècles. Un sentier passionnant qui permet de comprendre l'évolution d'un village entre le Moyen Âge et aujourd'hui.

MARAIS TUFEUX DE SALIVES

1, rue d'Amont
✆ 03 80 75 64 09
www.salives.com/Loisirs.j.htm
Ouvert toute l'année. Tous les jours. Gratuit. Panneaux explicatifs tout au long du parcours. Site d'interprétation sur place.
Le marais tufeux de Salives fait partie des 200 marais tufeux du même type présents dans le Parc national de forêts. Ce site naturel singulier favorise la création en continu de tuf, cette roche calcaire utilisée notamment dans la construction des châteaux de la Loire. Le sentier pédestre qui vous y mène vous permet de comprendre comment ce site naturel fonctionne depuis plusieurs milliers d'années. Sur place, une faune et une flore exceptionnelles, composées d'espèces rares et protégées, est visible. Suivez le balisage du triton alpestre pour y arriver !

Se restaurer

LE PRÉ SAINT-GEORGES

Hameau de Larçon ✆ 09 80 40 79 49
gwendoline.dormoy@orange.fr
Ouvert du lundi au samedi le midi ; du jeudi au samedi le soir. Tous les jeudis : menus à thème. Menu du jour 15€ entrée + plat + dessert + café.

Cette halte gourmande propose des plats 100 % maison préparés avec des produits locaux, dans une déco campagnarde et une ambiance conviviale. Burger à la sauce Époisses, cuisse de poulet marinée au curry ou steak de thon à la sauce citronnée font partie des mets à déguster. Chaque jeudi, un menu à thème vous est proposé. Il peut s'agir d'une paella, d'un menu alsacien, grec ou italien, d'une choucroute ou encore d'un pot-au-feu. Le Pré Saint-Georges vous propose enfin des menus uniques organisés pour des occasions spéciales comme la fête des Mères ou Noël.

LES FEUILLUS

8, rue de Travot – Avot
✆ 06 67 11 23 35
Ouvert du lundi au vendredi de 11h à 14h ; le dimanche de 10h30 à 14h30. Fermé le samedi. Réservation impérative. Formule du midi : 16 € (entrée + plat + dessert). Terrasse. Vente à emporter. À emporter si commande prise à l'avance, de 11h à 17h tous les jours sauf samedi.

Coup de cœur pour la petite commune d'Avot qui a un charme fou avec son centre bien restauré et où coule la Tille. C'est dans ce village pittoresque que Corinne et Stéphane ont décidé de reprendre le restaurant les Feuillus en 2021. La semaine, vous profitez d'un menu du jour qui change quotidiennement et dont les plats sont bien souvent cuisinés à partir de la truffe de Bourgogne ou du Périgord, selon la saison. Tout est 100 % fait maison et à petits prix car les légumes proviennent souvent du jardin ou des producteurs locaux. Un régal à peu de frais !

AIGNAY-LE-DUC

Aignay-le-Duc est situé au nord de la Côte-d'Or, à environ 60 km de Dijon. Cette petite bourgade paisible possède quelques petits trésors comme l'église Saint-Pierre-et-Saint-Paul (XIIIe siècle) construite sur pilotis et son retable Renaissance, ou encore un magnifique et pittoresque lavoir du XVIIIe siècle dit « de la Margelle ». La région d'Aignay-le-Duc est également le lieu de rendez-vous des amoureux de spéléologie en raison de nombreuses exsurgences, grottes, cavités, gouffres et rivières souterraines présentes tout autour de la cité ; les plus connues étant les sources de la Coquille, accompagnées du Cirque éponyme, ou encore la Cave aux loups. Terre habitée depuis des millénaires (le menhir de la Pierre-Fiche est un des nombreux exemples de ce territoire), Aignay faisait surtout partie, à l'époque médiévale, des demeures et places fortes des ducs de Bourgogne. Ce bourg prospère s'enrichit grâce à son activité drapière, particulièrement développée jusqu'au XVIIIe siècle. Au moment de son rattachement à la couronne de France, ses fortifications sont rasées. Il subsiste toutefois de beaux vestiges de cette période faste, notamment des châteaux dans les petits hameaux entourant Aignay-le-Duc.

© CÉLINE LECOMTE - OFB

LM Chardon, plantes tinctoriales

A voir - A faire

L.M. CHARDON
Le Pré du Sout
✆ 06 37 80 07 28
lmchardon-creation.com
contact@lmchardon-creation.com
Esprit parc national. Ouvert du lundi au vendredi de 8h à 17h. Visites, stages uniquement sur RDV. Adulte : 50 € (stage de découverte de la teinturerie végétale). Kit teinture/couture 48 € ; kit teinture découverte 4 couleurs 37 €. Accueil enfants (stages dès 15 ans). Boutique. Animations.
Marion Talpin cultive des plantes tinctoriales au sein de sa ferme d'Aignay-le-Duc dans le but de les récolter et d'en faire des teintures végétales. Marquée *Esprit parc national – forêts*, son activité ne se limite pas à la teinture respectueuse de l'environnement. En véritable passionnée, Marion aime partager son savoir-faire en organisant des stages de découverte ou d'approfondissement de la teinture végétale. Rendez-vous sur la ferme pour une demi-journée de découverte d'un savoir-faire traditionnel qui utilise des fleurs et plantes poussant naturellement sur le territoire. Très créative, Marion propose aussi des teintures créées par ses soins sur sa boutique en ligne, ainsi que des créations textiles uniques et colorées. Pour les amateurs du fait maison, elle met à disposition des kits tout-en-un pour apprendre, à votre rythme, les bases de la teinture végétale ou de la couture.

Emplettes

LE REFUGE DES ARÔMES
Ferme des Cent Fontaines
Etalante
✆ 06 32 51 23 62
contact@refugedesaromes.fr
AB (agriculture biologique). Ouvert tous les jours. Sur RDV uniquement. Plantes médicinales, herbes aromatiques, produits de la ferme au poids seulement.
Le Refuge des Arômes est une ferme atypique gérée par Sophie, cultivatrice passionnée qui aime partager son savoir-faire et la vie quotidienne de sa ferme avec tous les curieux. Ici, on trouve des légumes cultivés en agriculture biologique (AB), mais aussi et surtout des herbes aromatiques et des plantes médicinales. Pour découvrir ce lieu hors des sentiers battus, rendez-vous directement à la ferme où Sophie fait des visites personnalisées. Et si vous souhaitez acheter l'un de ses produits, elle se fait une joie de vous conseiller en fonction de vos besoins.

GÉRARD BISIAUX
L'artisan vannier d'Éclisse & Brindilles

« C'est dans les années 1970, lors de mes études pour devenir professeur de technologie, que j'ai découvert la vannerie de rotin. Après l'avoir laissée de côté pendant longtemps, j'ai repris cette activité un peu avant de partir en retraite. Mais le rotin provenant d'Asie, j'ai préféré aller chercher les matériaux moi-même, près de chez moi. J'ai donc appris la vannerie traditionnelle, appelée aussi vannerie sauvage, pour laquelle j'utilise 5 essences locales : le cornouiller, le noisetier, la viorne lantane, le troène sauvage et la bourdaine. Ce savoir-faire autrefois maîtrisé par les paysans leur permettait de fabriquer des paniers pendant l'hiver. À la fois simple, fonctionnelle et esthétique, la vannerie sur arceaux permet de réaliser de nombreux types d'objets utilitaires et décoratifs. Ainsi, la charpaigne, panier large et peu profond, était très répandue dans nos campagnes jusqu'au milieu du XXe siècle. Depuis 2015, je fais revivre cette vannerie sauvage à travers la création d'objets et l'organisation d'ateliers découverte. J'enseigne aux curieux la reconnaissance des matières premières, leur récolte respectueuse de l'environnement et la fabrication d'une mangeoire à oiseaux en une journée. Aujourd'hui, j'apprécie de détenir les labels 100 % Côte-d'Or et *Esprit parc national – forêts*, gages de travail de qualité et de vraie visibilité pour mes créations. Pour tous ceux qui ont une fibre pour la protection de la nature, il était important que le Parc national de forêts soit créé. Il permet de concrétiser ce rapport au vivant que j'ai toujours souhaité mettre en avant à travers l'artisanat de la vannerie sauvage. »

Gérard Bisiaux.

LE CIRCUIT DU CIRQUE DE LA COQUILLE

Long de 13,1 km, le circuit du Cirque de la Coquille demande environ 4 heures de marche, tant il y a de merveilles à voir sur le chemin ! Le départ d'Aignay-le-Duc, un village à l'architecture ancienne traversé par trois rivières, donne le ton de la balade qui oscille tout du long entre nature merveilleuse et bâti ancien. La ferme de la Pothière, ancien manoir de chasse du Grand Condé, fait d'ailleurs partie des sites remarquables que vous croiserez sur le chemin. Puis, vous traverserez les plateaux cultivés typiques des paysages du Châtillonnais, avant de redescendre pour suivre le cours de la rivière de la Coquille. En suivant ses méandres, vous déboucherez sur le village d'Étalante, puis sur le Cirque de la Coquille, où la rivière du même nom prend sa source. Ce paysage majestueux, modelé par la fonte et le décrochement d'un glacier présent dans cette cavité il y a près de 20 000 ans, donne cette forme si caractéristique au lieu. La légende veut d'ailleurs que le nom de Coquille vienne de sa ressemblance avec une coquille Saint-Jacques ! Après avoir profité de la beauté de cet espace naturel, où pousse encore une jolie fleur de montagne violette du nom de linaire des Alpes, le chemin vous ramènera à Aignay-le-Duc. Juste avant d'arriver au village, prenez le temps d'admirer la vue qui surplombe ce vallon verdoyant, dernier panorama d'une randonnée époustouflante. Point de départ sur la place Charles-de-Gaulle d'Aignay-le-Duc.

Sports / loisirs / activités

■ ÉCLISSE ET BRINDILLE

2, rue de Bèze
Etalante
✆ 06 59 34 11 02
eclisseetbrindille.fr
eclisse.et.brindille@gmail.com

Esprit parc national – forêts. Vannerie paysanne à partir de 15€ l'objet. Stage de vannerie sauvage 70€/pers pour 6-7h.

Depuis une dizaine d'années maintenant, Gérard Bisiaux fabrique des objets utilitaires et décoratifs à l'aide de la vannerie sauvage. Pour cela, il récupère la matière première de 5 essences : le cornouiller, le noisetier, la viorne lantane, le troène sauvage et la bourdaine, qu'il trouve autour de son domicile, dans les forêts du Parc national. Passionné par ce savoir-faire très répandu jusqu'au milieu du XXe siècle dans les campagnes bourguignonnes, Gérard voit son activité comme un moyen de se rapprocher de la nature. Cet artisan passionné met d'ailleurs un point d'honneur à ne pas détruire l'environnement en récupérant sa matière première. Ce respect profond pour le vivant, et la qualité des objets conçus lui ont valu la marque *Esprit parc national – forêts* et celui de 100 % Côte-d'Or. Paniers, mangeoires à oiseaux ou supports pour pots de fleurs sont ses créations signatures.

CIRCUIT DU CIRQUE DE LA COQUILLE

Difficulté : Facile
Temps : 4h
Longueur : 13,1km
Dénivelé positif : 853 m
Dénivelé négatif : 856 m

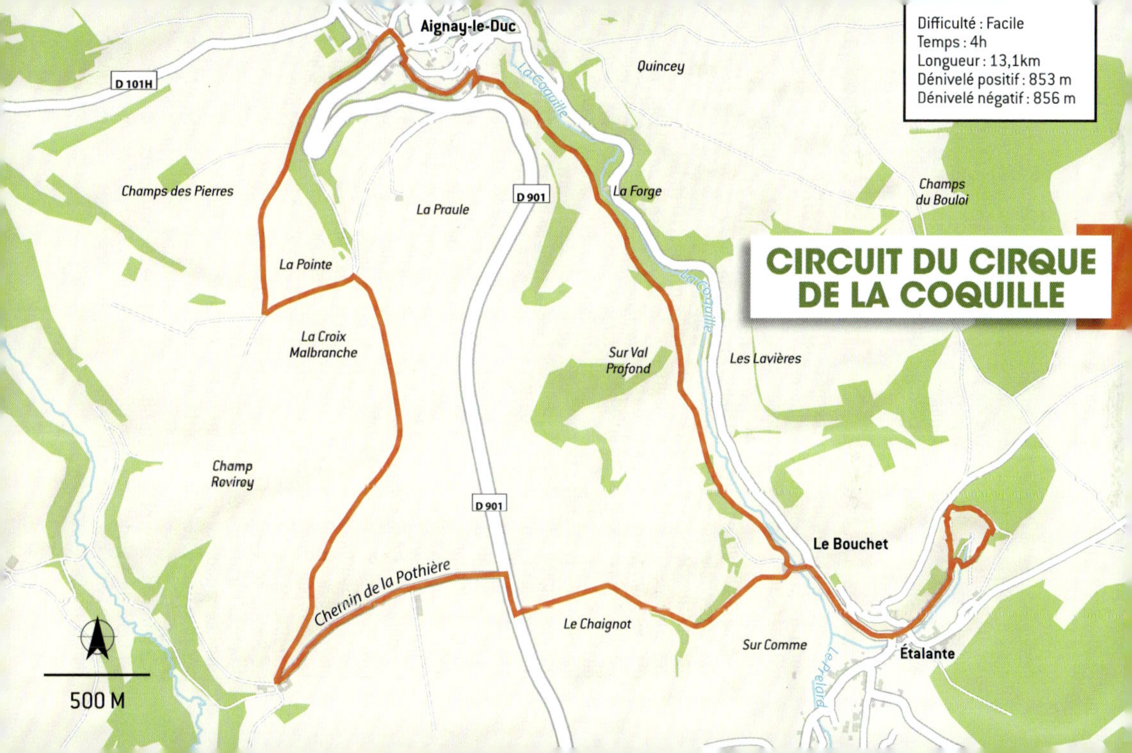

Particulièrement sympathique, Gérard aime aussi partager son savoir-faire lors de stages de découverte de la vannerie sauvage. Durant une journée entière, vous apprenez à reconnaître les 5 essences de base de la vannerie sauvage et les méthodes pour fabriquer votre propre mangeoire à oiseaux. Accompagné d'autres stagiaires, vous vivez une journée atypique entouré de passionnés des gestes ancestraux. Un moment hors du temps !

BURE-LES-TEMPLIERS

Bure-les-Templiers abrite les vestiges de la toute première Commanderie templière fondée en Bourgogne, en 1133.

L'église Saint-Julien, encore debout, est une ancienne chapelle fondée par ces moines-chevaliers revenus des croisades. À l'intérieur, plusieurs pierres tombales attestent de la vie des Templiers dans la région au XIIe siècle.

Mais au-delà de son importance historique singulière, le village de Bure-les-Templiers jouit d'une situation géographique optimale.

Le bourg est au creux d'un vallon où coule la Digeanne, entouré de vastes forêts de feuillus et de marais tufeux typiques du Parc national de forêts. Le marais du Cônois est d'ailleurs le plus connu et le plus représentatif des environs. Gourmands et amoureux de gastronomie, vous trouvez à Bure-les-Templiers plusieurs producteurs de miel et trufficulteurs.

Le Sabot de Vénus, un restaurant proposant une cuisine traditionnelle revisitée, attire les amateurs de mets savoureux de Côte-d'Or et de Haute-Marne.

Patrimoines naturel et historique, sentiers de balade et gastronomie marquée, voilà qui résume Bure-les-Templiers et son territoire.

A voir – A faire

ASSOCIATION LA TRUFFE CÔTE-D'ORIENNE 21 ET 71

7, Grande-Rue ✆ 03 80 81 04 42
www.truffe-bourgogne.fr
christine.dupaty@sfr.fr

Animations, stages de découverte et formations trufficoles aux tarifs variables. Infos auprès de l'association. Visites guidées sur RDV (appel téléphonique ou e-mail). Animations.

L'association de la Truffe 21 et 71 met en avant la filière trufficole dans le Parc national de forêts. Alors qu'elle se développe sans intrant, la truffe de Bourgogne, ou truffe grise, s'avère un précieux produit du terroir auquel l'association cherche à redonner ses lettres de noblesse. Animations pour sensibiliser le grand public, formations trufficoles, stages pour apprendre le cavage et la réglementation en vigueur sont autant d'offres proposées par l'association.

MARAIS DU CÔNOIS

RD102J
✆ 03 80 79 25 99

D102 en direction de Chaugey. Au bout de 2 kilomètres, des panneaux indiqueront le chemin à parcourir ensuite.

Ouvert toute l'année. Les observations les plus intéressantes se font de fin juin à début septembre. Tous les jours. Gratuit.

Bure-les-Templiers.

À proximité d'une ferme de 1835, ce marais de 7 hectares est classé en zone naturelle d'intérêt écologique, faunistique et floristique. Il figure parmi les plus beaux marais du Châtillonnais, et est protégé depuis 1991 par le Conservatoire d'espaces naturels de Bourgogne. Un sentier d'interprétation est aménagé entre caillebotis, passerelles, escaliers, rambardes, et un panneau d'accueil pédagogique permet de découvrir des plantes rares dont certaines sont protégées comme la swertie vivace, l'épipactis des marais et la gentiane pneumonanthe. Brochures à l'entrée.

Se restaurer

LE SABOT DE VÉNUS

13, Grande-Rue
✆ 03 80 81 00 28
www.le-sabotdevenus.fr
lesabotdevenus@laposte.net
Ouvert toute l'année. Du lundi au samedi le midi ; le samedi soir. Réservation recommandée. Menus de 30 € à 45 € (+ suggestions à l'ardoise). Formule du midi : 17 € (entrée, plat, fromage ou dessert. 22 € 3 plats). Vin au verre. Terrasse.

Sabrina et Arole Dupaty ont choisi pour leur restaurant le nom de la plus grande orchidée continentale de la région. Et ce n'est pas un hasard car leur table est labellisée 100 % Côte-d'Or. Côté plats, tout est bien entendu local, certains ingrédients qui les composent étant même concoctés sur place ! Le Sabot de Vénus est une table gastronomique où Arole vous cuisine chaque jour des plats évoluant au gré des marchés et de la saison. Si vous souhaitez séjourner ici quelques temps, les propriétaires possèdent un gîte dans une ferme typique du Châtillonnais.

© CÉLINE LECOMTE - OFB

Fromages From'Conclois.

Emplettes

FROM'CONCLOIS

Ferme de Conclois
Rue de Conclois
✆ 09 66 88 39 45
gaec.conclois@gmail.com
Esprit parc national. AB (agriculture biologique). Pas de vente en direct. Commande en ligne sur www.cagette.net et retrait en différents points. Marchés : Recey-sur-Ource samedi matin, Courcelles-sur-Aujon samedi matin, Chambain mercredi 17h-19h. Fromages 3,10 €.

Dans la ferme de Conclois, qui est un établissement 100 % bio depuis 1992, Sophie, Thibaut Salloignon et leurs 3 enfants ont repris la ferme familiale en 2016. Dans ses verts pâturages, une cinquantaine de brebis paissent en toutes saisons afin de donner un lait d'excellente qualité, très nutritif et riche en Omégas 3. Les produits obtenus à partir de ce lait de brebis sont savoureux à souhait. Découvrez la tomme, la fêta ou les tartinades pour l'apéritif ! Des caissettes d'agneau, de la farine de blé et de petit épeautre sont aussi produites sur place.

LA FERME AUX 100 BLÉS

2, chemin du Vieux Moulin
Saint-Broing-les-Moines
✆ 03 80 81 90 42
ferme100bles.fr
les100bles@yahoo.fr

Ouvert le vendredi de 17h à 19h. Vente directe à la ferme le vendredi de 17h à 19h. Pain cuit le jour-même. Farines et huiles toute l'année. Et au marché de Châtillon le samedi matin de 8h30 à 13h30. Boule au lin 500g 3,20 € ; lentilles vertes 1 kg 5,50 € ; pain de campagne 500g 2,60 €.

Cela fait plus de vingt ans que Jean-Baptiste et Mireille développent leur ferme en cultivant 90 ha de terres situées au cœur du Parc national de forêts. Leur production de céréales bio leur permet de produire de la farine, de l'huile, de la bière, des pâtes et surtout du pain. Ce dernier est cuit sur place chaque vendredi et vendu en direct à la ferme. Les farines de blé tendre ou dur et les huiles de cameline, une variété de colza riche en vertus, sont disponibles tout au long de l'année. En agroforesterie, les fruits sont disponibles en fonction de la saison.

LE RUCHER DE LA FONTAINE PELIN

5, rue de la Planche
Terrefoncrée
✆ 07 60 44 17 84
kilougite.fr
sikora.christophe@neuf.fr

Esprit parc national. Ouvert tous les jours. Vente sur RDV uniquement. Pots 250 g : 6 €.

En plus de gérer le gîte de la Cabane des Bois de Bure, Christophe Sikora est apiculteur amateur. Il possède 25 ruches réparties sur plusieurs champs entre Terrefondée et Bure-les-Templiers. Chaque année, il produit du miel toutes fleurs de printemps qui possède une texture crémeuse absolument délicieuse, ainsi que du miel toutes fleurs d'été plus liquide. Chacun de ces deux produits possède des arômes boisés car les ruches sont proches des forêts du Parc national.

Sports / loisirs / activités

CYCLE EN TRANSITON

Ferme de Conclois
✆ 06 59 73 42 62
thibaut@cycleentransition.fr
Suivre le fléchage Conclois à proximité de l église et rouler 4 km, la ferme est au creux du vallon suivant.

Ouvert du lundi au vendredi. Pas d'horaire d'ouverture. Il faut contacter Thibaut pour louer des vélos. Locations et vente de vélos : devis personnalisé.

Cycle en Transition n'est pas une boutique de vente et de location de vélos comme les autres, elle est dédiée à 100% aux mobilités écologiques. Thibaut Salloignon, ingénieur en écoconception, passionné de vélos insolites, spécialiste des mobilités douces privilégie l'usage du vélo comme un geste pour l'environnement limitant les consommations de carburants fossiles. Il peut aussi customiser des vélos adaptés aux familles avec l'installation de sièges enfant.

VISITE

LA FERME D'AULOT

✆ 03 80 81 01 64
www.aulot.asso.fr
contact@aulot.asso.fr

Ouvert toute l'année. Gîte de groupes 20 personnes minimum, 60 personnes max. Possibilités de réserver plats et activités personnalisées. Devis sur-mesure. Centre équestre (demi-pension, cours), classes découvertes, centre de vacances, séjours aventure.

Un magnifique hameau restauré, perché au sommet d'une colline, c'est là que se trouve la Ferme d'Aulot. Agréée par la fédération Jeunesse et Sports, cette ferme a su conserver son caractère authentique, au milieu des sources, des forêts et des étangs. Ce lieu magique, qui dispose d'une cinquantaine de lits, peut accueillir les groupes ou les familles le temps d'un week-end ou plus. L'endroit héberge aussi un centre équestre labellisé École française d'équitation. Le centre est animé par des moniteurs d'équitation diplômés d'état qui proposent aux scolaires de découvrir l'équitation et les chevaux le temps d'une journée, ou aux enfants en vacances de vivre une aventure hors du commun, entre pièces de théâtre et exploration de la nature environnante. Conçu pour être un lieu d'enrichissements permanents, la ferme d'Aulot séduit petits et grands par sa capacité à apprendre tout en s'amusant. Un bel établissement où le vivre-ensemble et l'amour de la nature cohabitent.

LE CIRCUIT DES ROCHES DE LA DIGEANNE

Ce circuit de 10,5 km de long est centré sur les patrimoines naturel et historique du village de Saint-Broing-les-Moines. Le long de la Digeanne, le terrain est accidenté et peut être glissant par temps pluvieux, mais la difficulté reste modérée. Accessible à tous les âges, cette promenade bucolique vous mènera, 3h15 durant, de combes en plateaux, au cœur de forêts de feuillus et de prairies verdoyantes. La Digeanne, une petite rivière de 28 km de long qui serpente dans le creux des vallons, constitue le fil d'Ariane de la promenade. Elle favorise le développement d'une faune qui apprécie les milieux humides, tels que le Cochlostome bourguignon et l'Agrion de Mercure, qui s'épanouissent dans cette partie conservée de la vallée de la Seine. Mais la petite faune n'est pas la seule richesse qui jalonne le parcours. Le patrimoine bâti y est tout aussi exceptionnel : ancien moulin à eau, mairie-école et église apportent un certain charme rural à la balade. Si elle est ouverte au public, n'hésitez pas à vous arrêter à la Ferme aux 100 blés, sise dans l'ancien moulin, où les pains bios côtoient les farines de blé ancien et les bières brassées sur place. Point de départ sur la place de Saint-Broing-les-Moines.

LE CIRCUIT DES ROCHES DE LA DIGEANNE

Difficulté : Intermédiaire
Temps : 3h15
Longueur : 10,5km
Dénivelé positif : 644 m
Dénivelé negatif : 644 m

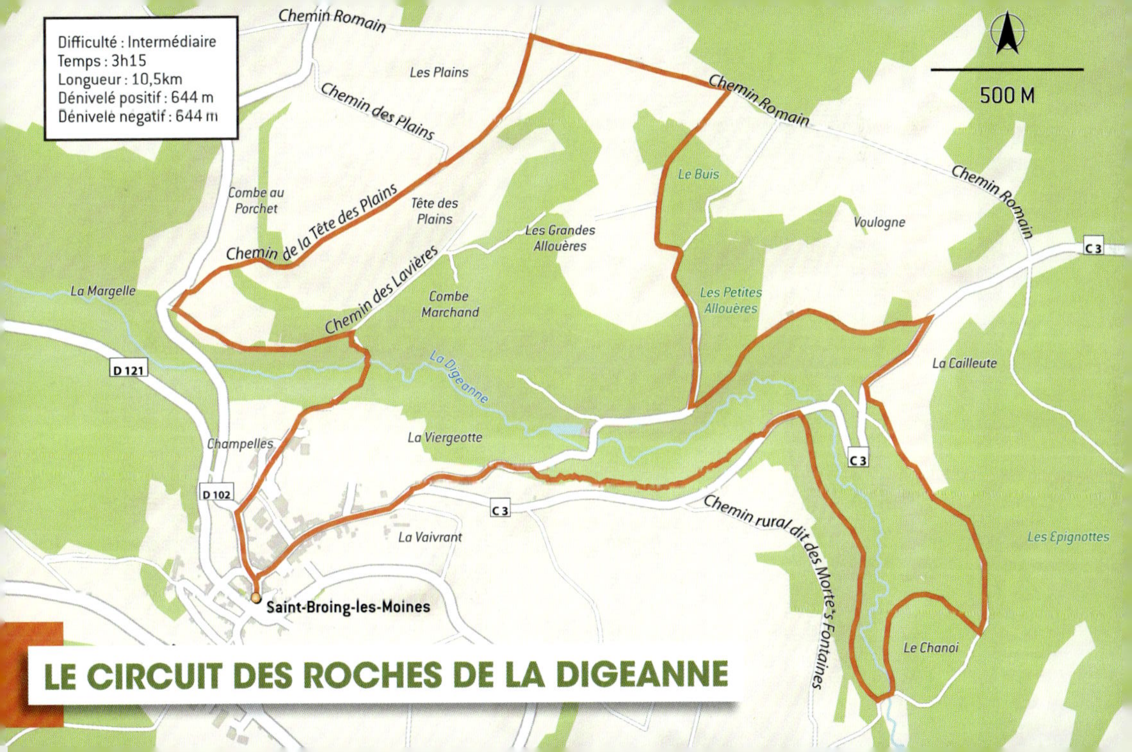

CHÂTILLON-SUR-SEINE ★

Entre guerres et conflits, la ville de Châtillon-sur-Seine a été violentée durant de nombreux siècles. Bastion avancé des ducs face aux comtes de Champagne ou aux rois de France ; ville de négociations entre Napoléon, l'Autriche, la Russie, l'Angleterre et la Prusse, quartier général du Maréchal Joffre pendant la Première Guerre mondiale, c'est un lourd héritage guerrier qui a marqué la ville. Son nom même s'inspire de la forteresse qui fit sa réputation dès le IXe siècle. De ce passé historique, Châtillon-sur-Seine en garde aujourd'hui encore de nombreux vestiges.

Au confluent d'une large vallée, la ville offre, depuis ses hauteurs, un large panorama sur la vallée de la Seine et les monts du Châtillonnais. Située au cœur d'une région riche en archéologie, la ville est traversée par la Seine et possède le label Ville fleurie, celui des Plus beaux détours de France et depuis 2020 de ville impériale. Châtillon-sur-Seine reste une ville possédant de nombreux attraits touristiques, comme l'église Saint-Nicolas, l'église Saint-Vorles ou encore la maison Philandrier qui abrite les bureaux de l'actuel office du tourisme. Seule ville du Parc national de forêts, Châtillon-sur-Seine est une commune qui regroupe tous ses attraits : vallée verdoyante, patrimoine historique et bâti exceptionnels, musée de qualité, artisans talentueux et fêtes gourmandes mettant en valeur le territoire et les produits du terroir.

OFFICE DE TOURISME DU CHÂTILLONNAIS

Maison Philandrier – 1, rue du Bourg
✆ 03 80 91 13 19
www.chatillonnais-tourisme.fr

3 saisons d'ouverture : Basse saison : Janvier à avril de 10h à 12h et de 14h à 17h du mardi au samedi (fermé le dimanche et lundi, et les jours fériés). Moyenne saison : Mai à juin de 10h à 12h et de 14h à 17h du lundi au samedi (fermé le dimanche, et les jours fériés). Haute saison : Juillet et août de 9h30 à 12h30 et de 13h30 à 17h30 du lundi au samedi, et de 10h à 14h le dimanche et jours fériés. Moyenne saison : Septembre de 10h à 12h et de 14h à 17h du lundi au samedi (fermé le dimanche, et les jours fériés). Basse saison : Octobre à décembre de 10h à 12h et de 14h à 17h du mardi au samedi (fermé le dimanche et lundi, et les jours fériés). Vente de produits du terroir et artisanat. Animations et expositions toute l'année.

Installé dans la magnifique Maison Philandrier, qui date du XVIe siècle, l'office de tourisme du Châtillonnais vous informe des nombreuses visites à faire dans la région. Dans ce pays d'histoire et de nature préservée, l'abbaye du Val des Choues et son musée-opéra de la Vénerie, le Musée du Pays Châtillonnais – Trésor de Vix, le Parc national de forêts ou encore la maison de la Forêt à Leuglay apparaissent comme des visites incontournables. Gourmand ? La Route du Crémant vous attend, ainsi que la route de la truffe prolongée jusqu'à Châtillon-sur-Seine.

Châtillon-sur-Seine.

Autres adresses : Antenne estivale à Aignay-le-Duc - Mairie – Place de la Mairie ✆ 03 80 91 13 19 • Antenne estivale à Recey-sur-Ource - Place Silenrieux ✆ 03 80 81 05 41. • Antenne estivale de Montigny-sur-Aube, Plage Eugène Morisot ✆ 07 85 87 13 78.

VISITES GUIDÉES À CHÂTILLON-SUR-SEINE

Office de tourisme du Châtillonnais
1, rue du Bourg ✆ 03 80 91 13 19
www.chatillonnais-tourisme.fr
contact@tourisme-chatillonnais.fr
Esprit parc national. Calendrier et horaires selon la visite et le thème. Accueil enfants. Visite guidée. Boutique. Animations.

On peut dire que l'office de tourisme du Châtillonnais a de l'idée et de la ressource ! Ce bureau et son personnel dynamique proposent des animations pour tous types de publics. Les thématiques des visites s'appuient sur les richesses de la ville, sur son patrimoine et son savoir-faire ancestral :

Visites guidées de Châtillon-sur-Seine avec dégustation de crémant : imaginez-vous explorer la seule ville du Parc national de forêts en compagnie d'un guide conférencier. Levez le voile sur tous les mystères de la ville de bord de Seine et terminez la visite en beauté avec une dégustation du très célèbre crémant du Châtillonnais ! Cette visite guidée est marquée *Esprit parc national – forêts.*

Châtillon-sur-Seine en anglais : idéal pour découvrir la ville dans la langue de Shakespeare dans le cas où vous seriez plus à l'aise dans cette langue qu'en français.

Expositions photos : disponibles tout au long de l'année, les expositions photos ont lieu dans l'office de tourisme de Châtillon-sur-Seine. Elles changent au gré des saisons et peuvent aborder différentes thématiques territoriales, des clochers d'églises aux couchers de soleil dans la vallée de la Seine.

LE SENTIER DES CHÂTEAUX

Le sentier des Châteaux est une grande boucle de 19,5 km qui se fait en 6h, soit une bonne journée de marche. Situé dans le Pays châtillonnais, ce circuit vous fait partir à la rencontre de la haute-vallée de la Seine, qui n'est encore qu'un joli petit cours d'eau à cet endroit. Découvrez le Brévon, premier affluent du fleuve, et admirez les amphibiens et autres libellules qui ont trouvé dans ses eaux un lieu de vie idéal. En suivant le cours de la Seine, vous tomberez nez-à-nez avec le château de Rocheprise, une belle bâtisse Renaissance fortement remaniée sous Napoléon Ier. Alors que les sentiers escarpés des sous-bois seront nombreux, vous profiterez aussi d'un superbe panorama sur le fleuve à Saint-Marc-sur-Seine. Véritable exploration du patrimoine naturel et artisanal du Parc national de forêts, cette boucle permet à la fois de s'émerveiller devant la beauté de la Seine et de comprendre les savoir-faire artisanaux encore vivants sur le territoire. Point de départ le long de la Seine dans le village de Brémur-et-Vaurois.

SENTIER DES CHÂTEAUX

La boucle napoléonienne : accompagnés d'un guide en costume du Premier Empire, vous déambulez dans les rues de Châtillon-sur-Seine sur les traces de Napoléon Ier. Cette visite impériale s'intéresse notamment aux legs importants du Maréchal Marmont, fidèle ami de l'Empereur.

Chasse au trésor – découvertes en famille : Enfants et parents, préparez-vous à partir à la recherche d'un fabuleux trésor caché quelque part dans Châtillon-sur-Seine. D'une durée d'1h30, ce jeu de piste familial met votre capacité de déduction à rude épreuve, mais le trésor impérial à récupérer au bout de l'effort en vaut la chandelle !

A voir - A faire

MUSÉE DU PAYS CHÂTILLONNAIS – TRÉSOR DE VIX ★★

14, rue de la Libération
✆ 03 80 91 24 67 – www.musee-vix.fr
accueil@musee-chatillonnais.fr

© ROZENN KREBEL

Cratère de Vix.

Fermé le 1er janvier, 1er mai, 24, 25 et 31 décembre. Fermeture hivernal du 30 décembre au 1er mars. Haute saison : juillet et août. Gratuit jusqu'à 7 ans. Adulte : 7 €. Enfant (de 7 à 18 ans) : 3,50 €. Groupe (10 personnes) : 3,50 €. Visite guidée. Boutique. Audioguides disponibles en 4 langues : français, anglais, allemand et néerlandais. Application pour smartphone liée aux audioguides.

Pour qui veut en apprendre plus sur les époques celtiques et gallo-romaines en France, le très beau Musée du Pays Châtillonnais – Trésor de Vix est une étape incontournable ! La pièce maîtresse de sa collection ? Il s'agit bien sûr du vase de Vix et son trésor : découvert en 1953, au pied du mont Lassois, l'ensemble se compose entre autres de deux coupes en céramique attique, d'un torque en or, d'une phiale en argent à ombilic d'or, d'une cruche à vins... et d'un vase absolument unique au monde. 208 kg, 1,64 m de haut, 1,27 m de diamètre et une épaisseur de 1,2 mm : ses dimensions donnent une belle idée de la pièce imposante qu'est ce vase magnifiquement travaillé, qui peut contenir jusqu'à 1 100 litres ! Sur ses anses figure le visage de la gorgone Méduse, et la frise qui fait le tour du vase représente une succession de soldats grecs et de chars tirés par des chevaux. Tous ces objets ont été découverts dans la chambre funéraire d'une princesse celte, la Princesse de Vix. Ils nous apprennent également de nombreuses choses sur les échanges entre la région de Vix et la Méditerranée alors même que cette sépulture date du début du Ve siècle... Les amateurs des époques celte et gallo-romaine ne peuvent pas passer à côté ; quant aux autres, sachez que le musée dispose d'une collection qui s'étend jusqu'au XIXe siècle avec un très bel espace entièrement dédié à l'ornithologie ! En plus de cela, le musée propose une exposition temporaire par an.

PORTE DE COEUR – PARCOURS DE SANTÉ

Parcours de santé
D16
✆ 03 25 31 62 35
Ouvert toute l'année. Tous les jours. Gratuit. Animations.
Située dans la forêt du Châtillonnais, à l'entrée du parcours de santé créé en 2011, la Porte de Cœur de Châtillon-sur-Seine signale l'entrée dans le Cœur du Parc national de forêts. C'est l'une des 4 portes de Cœur édifiées par le Parc national de forêts qui présentent des informations sur les patrimoines emblématiques du territoire. Bâtie avec du bois issu du Parc national uniquement, elle sert de point de départ à des animations du Parc national de forêts.

LA ROUTE DU CRÉMANT DU CHATILLONNAIS

Office de tourisme
du Pays châtillonnais
1, rue du Bourg
✆ 03 80 91 13 19
www.chatillonnais-tourisme.fr
contact@tourisme-chatillonnais.fr
Ouvert toute l'année. Label Vignobles et Découvertes. Tous les jours. Visite guidée (visites guidées de caves chez les vignerons locaux). Boutique. Animations.
La Route du Crémant créée en 2012 par le Syndicat de défense des intérêts viticoles des Coteaux du Châtillonnais est en pleine mutation, un coup de jeune motivé par l'arrivée de jeunes vignerons. Le futur et nouveau parcours vous permet de sillonner les plus beaux vallons et coteaux à la découverte du vignoble Châtillonnais, de ses villages, ses cépages et de son histoire singulière. Notez que la route du Crémant traverse le Parc national de forêts. Le Crémant est un vin qui se pare de bulles dans un processus qui est identique à celui du Champagne et quand on sait que le Châtillonnais est un terroir de cépages à bulles et qu'il est si proche des vignes de l'Aube, on comprend pourquoi le Crémant connaît le succès.

Se restaurer

L'ÉTAPE

60, rue Maréchal de Lattre de Tassigny
✆ 03 80 81 90 99
letape.chatillon@gmail.com
Ouvert du mardi au samedi le midi et le soir. Carte burgers, pizzas, salades, grillades, planches. Formule du midi : 14,90 € (entrée, plat, dessert). Vin au verre. Soirées concerts, menu de Noël 25 € hors boissons. Terrasse.
Ambiance conviviale et chaleureuse, déco bistrot-industrielle, et bons petits plats : voilà la recette qui assure le succès du restaurant L'Étape. David Innocent, Mélanie et leur équipe assurent un service rapide et utilisent des produits frais pour proposer une carte variée et des menus du jour créatifs et gourmands. Pizzas, salades, burgers, grillades et planches-repas, vous avez l'embarras du choix à la carte et chacun trouve son bonheur avec des plats toujours généreux. En fin de semaine, on apprécie les propositions de cocktails. Belle terrasse en été.

L'ÉVIDENCE

2, quai de Seine ✆ 03 80 81 50 73
levidence21400@orange.fr
Ouvert lundi, mardi, vendredi, samedi et dimanche le midi et soir. Bar. Réservation recommandée. Menus de 33 € à 38 € (+ carte). Formule du midi : 11 € pour un plat, 16,50 € pour deux plats, 22,90 € trois plats. Salle climatisée.

Installés à Châtillon-sur-Seine depuis 2018, Anne et Frédéric se sont rencontrés dans le milieu de la restauration et ont ouvert ensemble leur propre restaurant. Tout d'abord bar, puis crêperie, L'Évidence est maintenant un restaurant réputé du Châtillonnais. Le rapport qualité-prix est excellent et chaque plat est préparé maison. Le chef renouvelle sa carte au gré des saisons et de ses inspirations du moment. Anne assure le service avec beaucoup de gentillesse, et vous aurez même un bouquet de fleurs provenant d'une boutique de Châtillon posé sur la table !

Emplettes

LA FROMAGERIE DU COIN

28, rue Maréchal Leclerc
✆ 03 45 22 93 53
lafromagerieducoin@gmail.com
Ouvert du mardi au samedi de 9h à 12h30 et de 15h30 à 19h.

La Fromagerie du Coin a ouvert ses portes en 2021 pour le plus grand bonheur des gourmands. Jean-Philippe Panas est aux commandes de cet établissement réputé du Châtillonnais. Sur ses étals, retrouvez tous les fromages reconnus des environs, de l'Époisses au fromage de Langres. Désireux de mettre à l'honneur les petits producteurs locaux, Jean-Philippe est ravi de vous présenter plusieurs fromages du Gaec de Conclois, marqués *Esprit parc national – forêts*. Large choix, conseils avisés en cas de doute et prix attractifs, tout est réuni à la Fromagerie du Coin.

LES TRÉSORS DE NOTRE TERROIR

21, rue de l'Abbaye
✆ 06 89 49 78 51
lestresorsdenotreterroir@orange.fr
Ouvert le lundi et le samedi de 9h30 à 12h30 et de 13h30 à 17h ; le mardi et le vendredi de 9h30 à 12h30 et de 13h30 à 19h ; le mercredi de 9h à 17h30.

Angélique Mion a ouvert son épicerie en 2020 pour mettre un coup de projecteur sur les produits locaux et les producteurs. Souvent labellisés bio, les produits sont autant des légumes que des fruits ou des fromages et des yaourts. Passionnée, Angélique vous accueille avec le sourire et n'hésite pas à répondre à toutes les questions que vous vous posez sur les produits présents sur ses étals. Gentillesse et produits de qualité, voilà le résumé de cette épicerie !

ASSOCIATION GREN – LE JARDIN DU VIADUC

55, rue du Viaduc
Sainte-Colombe-sur-Seine
✆ 03 80 91 06 48
association.gren@gmail.com
Esprit parc national. Ouvert du lundi au vendredi de 8h à 17h.

Le GREN signifie Groupe de recherche d'emplois nouveaux. Cette association de loi 1901 valorise la production de légumes en agriculture biologique à des prix très bas. Vendus sur place et en ligne, les légumes varient au gré des saisons et changent souvent d'une année à l'autre. Retrouvez alors, en été, tout aussi bien des tomates que des concombres ou encore des betteraves nouvelles. En hiver, la production continue avec des carottes, des pommes de terre et même des radis !

VERSION NUMÉRIQUE
OFFERTE
Obtenez votre guide numérique en scannant le QR code
ou rendez-vous sur le site
www.ebookfute.com
avec le code avantage
TW7WAH
petit futé
CARNET DE VOYAGE
PARC NATIONAL DE FORÊTS
ENTRE CÔTE-D'OR ET HAUTE-MARNE
OFFERT
OFFRE VALABLE JUSQU'À L'ARRÊT DE COMMERCIALISATION DU TITRE EN FRANCE MÉTROPOLITAINE ET DANS LE MONDE ET SOUS RÉSERVE QUE LE NOMBRE DE TÉLÉCHARGEMENTS SOIT INFÉRIEUR OU ÉGAL AU NOMBRE D'EXEMPLAIRES DE GUIDES PAPIER IMPRIMÉS. FORMATS DISPONIBLES POUR SMARTPHONES, TABLETTES, LISEUSES ET ORDINATEURS PC OU MAC.
© PERFECTLAB - SHUTTERSTOCK.COM

VIX

Lové au pied du Mont Lassois, une butte calcaire typique du Pays Châtillonnais, Vix est un charmant village qui fut bâti il y a de cela plusieurs siècles le long de la Seine. Situé à quelques kilomètres de Châtillon-sur-Seine seulement, ce bourg est connu dans le monde entier pour la découverte du Trésor de la Dame de Vix en 1953 sur son territoire. C'est donc une terre d'archéologie où chaque fouille révèle des traces d'occupation datant du Néolithique et de l'Âge du Fer. Mais plus largement, c'est aussi un lieu où le bâti ancien est bien conservé. L'église Saint-Marcel, sise sur le Mont Lassois, comporte des exemples de voûtes d'ogives primitives très rares, tandis que les ponts qui enjambent la Seine sont presque tous antérieurs au XXe siècle. L'eau, très importante dans l'histoire et la vie du village, a permis l'édification d'un lavoir et le développement d'un parcours de pêche réputé nommé « Le parcours de la Seine et de ses deux affluents à Vix ». Entre loisirs nature et visites de patrimoine, Vix est un village incontournable sur la route de Châtillon-sur-Seine et à deux pas de la Route du Crémant.

Autour de Vix.

A voir – A faire

LE MONT LASSOIS ET L'ÉGLISE SAINT-MARCEL

✆ 03 80 91 18 93

Ouvert toute l'année. Téléchargez l'application Princesse de Vix pour visiter le site archéologique en réalité augmentée.

Composée du mont Lassois et du mont Roussillon, cette butte domine la plaine de la Seine et le Châtillonnais. Un endroit stratégique idéal occupé par les hommes dès le Néolithique. C'est au pied du mont Lassois que furent mis au jour, en janvier 1953, le tombeau de la princesse de Vix et ses richesses dont le fameux cratère en bronze. Vous pouvez cheminer jusqu'au sommet pour visiter le site archéologique en réalité augmentée. À voir aussi l'église Saint-Marcel du XIIe siècle.

COMMANDERIE TEMPLIÈRE D'ÉPAILLY

Domaine Épailly – Courban

✆ 03 80 93 73 59

www.commanderie-templiers-epailly.com

ehvg@commanderie-epailly.eu

Monument Historique. Visites toute l'année de 17h à 19h sur RDV, au

06 01 86 62 88. Visite libre adulte : 6 €, enfant (> 6 ans) : 3,5 €, groupe (à partir de 6 personnes) : 5 €. Visite guidée adulte : 10 €, enfant (> 6 ans) : 4,5 €, groupe (à partir de 6 personnes) : 7,5 €. Le site est accessible aux personnes à mobilité réduite.

Bâtie au XIIe siècle à la frontière entre Champagne et Bourgogne, la commanderie templière d'Épailly est représentative de l'importance de l'Ordre du Temple. Devenue aujourd'hui une ferme, l'ancienne commanderie conserve toutefois une magnifique chapelle d'architecture gothique où sont enterrés plusieurs chevaliers. Les actuelles granges et dépendances de la ferme sont en fait les anciens bâtiments d'exploitation agricole templiers, qui continuent à servir malgré leur ancienneté.

Emplettes

DOMAINE BOUHÉLIER

1, place Saint-Martin
21400 Chaumont-le-Bois
✆ 03 80 81 95 97 - 06 48 12 32 00
www.bouhelier.com
contact@bouhelier.com

Visite guidée 2h : pour groupes 2 à 20 pers (6 €/pers ou 30 € si moins de 5 visiteurs). Réservation 24h avant obligatoire.

En été et sur rendez-vous le reste de l'année, Anne et Sylvain Bouhélier, ainsi que leur fils Paul, vous accueillent dans leur caveau aménagé en musée du vigneron, véritable mine d'informations sur l'histoire du Crémant du Châtillonnais. Les 7,5 ha de vignes en conduite raisonnée sont répartis sur 6 villages. Votre choix est à faire parmi 5 cuvées de Crémant, un bourgogne, rouge, blanc ou rosé, un ratafia et un vieux marc distillé au domaine.

La balade « De la vigne au vin », commentée par Anne et Sylvain Bouhélier, vise à vous faire découvrir leur vignoble, son terroir unique et leur travail au fil des saisons en tant que vignerons. Cette visite marquée *Esprit parc national* débute sur leurs parcelles, où les cépages et la conduite de la vigne vous sont contés alors que vous profitez d'un superbe panorama sur les coteaux du Châtillonnais. Puis, les méthodes de vinification élaborées par le Domaine vous sont expliquées directement dans la cave. Une dégustation de leurs différentes références clôt cet instant magique.

DOMAINE JEAN GIRARD

33, rue Tanneguy-d'Harcourt
Belan-sur-Ource
✆ 06 84 48 88 24
jean.girard929@orange.fr

Ouvert du lundi au samedi de 9h à 18h ; le dimanche de 10h à 18h. Prévenir le domaine de votre visite. Crémants entre 8,70 € et 12,90 €. Crémant rosé 9 €.

Le Domaine Jean Girard, à Belan-sur-Ource, incarne l'histoire d'une transition réussie. D'abord agriculteur, Jean Girard s'est lancé dans la viticulture dans les années 1990 Avec sa fille Sylvie, formée à l'école des viticulteurs de Beaune, ils cultivent avec passion 4,5 ha de vignes. La récolte est vendangée à la main et vinifiée au domaine selon les méthodes traditionnelles bourguignonnes. Les vins, AOC Bourgogne Pinot Noir ou Chardonnay, donnent du crémant rosé, très original et 6 autres cuvées réputées, dont le Pinot Noir en vin tranquille.

DOMAINE MASSARD

37, rue Tanneguy d'Harcourt
Belan-sur-Ource
✆ 07 87 49 16 85
https://domainemassard.fr/
massard.jean-philippe@orange.fr
Dégustation/visite cave sur RDV du lundi au samedi, dimanche 10h à 12h. Livraison possible (livraison gratuite à partir de 48 bouteilles achetées). Visite, vente et dégustations.

Créé en 1995 par Violette et Hubert Massard, ce sont leurs fils Jean-Philippe et Olivier qui ont repris le flambeau du domaine. Devenus éleveurs manipulateurs suite à d'importants investissements, ils pratiquent une viticulture raisonnée, vendangent à la main sous les conseils d'un œnologue champenois et produisent 3 cuvées, dont celle de Chardonnay Brut qui a reçu la médaille de bronze au concours des Chardonnay du Monde 2024. Autre nouveauté : l'arrivée du Bourgogne Pinot Noir millésime 2023 élevé en foudre. Un vin tranquille, fruité et soyeux au succès garanti.

Autre adresse : Rue des Terrasses pour dégustations et vente

FERME DU MONT LASSOIS

8, rue de l'Orme
Etrochey
✆ 06 65 06 84 61
https://www.adelle.fr
un-grand-sourire@adelle.fr
A 3 km du site archéologique du Mont Lassois où fut découvert le vase de Vix.
AB (agriculture biologique). Vente à la Ferme tous les Jeudi de 17h à 19h. Marché de Chatillon-sur-Seine, La ruche qui dit Oui, Dijon Bd Kennedy, Messigny et Ventoux, Rolampon Haute-Marne Locavort de Fontaine-lès-Dijon.

Les agriculteurs Thomas, Gaëtan, Michel et Jean-Claude Payot mettent tout leur savoir-faire et leur passion dans la création de produits laitiers fermiers aux goûts authentiques et sans additifs. Sur place, ils produisent aussi bien des yaourts aux fruits que du fromage blanc et de la crème fraîche. Depuis sa création en 2011, la Ferme du Mont Lassois a remporté plusieurs prix, dont la médaille de bronze au concours général agricole 2013 de Paris pour ses yaourts à la vanille infusée de Madagascar. Tous les produits sont bios et frais.

CHAMESSON

Chamesson est un village de 240 habitants situé à environ 10 km au sud de Châtillon-sur-Seine. Presque entièrement bâti à partir des fameuses pierres de Bourgogne, ce bourg possède le charme typique des campagnes françaises. Lové dans un vallon de la haute-vallée de la Seine, Chamesson abrite les édifices anciens typiques du Pays Châtillonnais : l'église, le lavoir au bord de l'eau, le château du XIXe siècle et le pont sur arches en pierres de taille datant du règne de Louis XIV. C'est un beau paysage de carte postale où la pêche est fréquemment pratiquée en été. Amoureux de la randonnée pédestre, plusieurs sentiers vous emmènent sur les sommets des plateaux environnants ou vous font, au contraire, suivre le cours de la Seine jusqu'à Châtillon-sur-Seine.

FABIEN ANSAULT

L'artiste derrière le cabinet de curiosités des Z'uns Possible

« La création du cabinet de curiosités des Z'uns Possible résulte d'un changement de vie. En 2000, après 20 ans à travailler dans l'événementiel, ma femme et moi souhaitions voir grandir notre enfant. Travaillant aussi bien sur Paris qu'à Lyon ou en Suisse, nous cherchions donc une maison en Bourgogne. Nous ne voulions pas d'un paysage plat constitué de champs de blé, mais nous nous voyions bien dans une maison qui donnerait directement sur un cours d'eau. Après 2 ans de recherches infructueuses entre le Morvan et l'Auxois, nous avons eu un coup de foudre pour cette demeure de Chamesson en bord de Seine. Dès notre installation en 2002, j'ai continué la pratique du dessin et des illustrations. J'ai repris la peinture, avec une série dédiée à la lumière dans des églises ou abbayes. J'ai débuté également mes Vanités, des représentations allégoriques de la fragilité de l'existence humaine. Je suis alors devenu artiste itinérant et ai créé, au gré de mes voyages, des expositions à partir de mes œuvres personnelles. Mais l'envie de me poser et d'ouvrir le cabinet de curiosités des Z'uns Possible dans le but d'exposer mes collections sans devoir voyager devint une évidence. Pour un artiste comme moi, qui crée à partir de matériaux issus de la forêt locale et de l'eau, l'idée d'habiter dans un territoire aux patrimoines naturels et historiques valorisés avec le Parc national de forêts était naturelle. En 2025, le cabinet des Z'uns Possible fête ses 10 ans, avec une triple marquage *Esprit parc national – forêts* pour le café associatif, le gîte insolite et le musée. »

A voir - A faire

AMICALE DE LA POINTERIE

3, rue de la Pointerie
pointerie21400@gmail.com
Ouvert tous les jours. Visite sur demande et sur RDV. Expositions artistiques et patrimoniales, animations/spectacles de théâtre. Gratuit. Buvette.
La Pointerie est une ancienne usine qui fabriquait des pointes pour clouer les charpentes des immeubles haussmanniens de Paris. Fermée en 1938, elle est reprise depuis 2019 par plusieurs jeunes couples qui ont transformé le site en tiers-lieu. L'ancienne roue à aube permet d'obtenir aujourd'hui de l'hydroélectricité, tandis que les terrains ont été défrichés pour servir au maraîchage et à l'implantation de serres d'horticulture. Des spectacles, guinguettes, expositions artistiques et projections cinématographiques réunissent les gens autour de projets communs.

CABINET DE CURIOSITE DES Z'UNS POSSIBLE

2, impasse Rive de Seine
✆ 03 80 93 21 61
leszunspossible.com
fabien.ansault@gmail.com
Ouvert de juin à fin octobre les week-end. Tous les jours en juillet et août de 12h à 19h. Le reste de l'année, visite du musée sur rendez-vous.
Le Cabinet de Curiosités de Fabien Ansault est bien un lieu atypique où sont exposés des objets insolites, des mises en scène inspirées du courant artistique des Vanités avec des œuvres (peintures, totems entre autres) où l'on retrouve des représentations de crânes humains ou animaux dans des natures mortes. Fabien, installé dans cette maison au bord de la Seine, prolonge son expérience de scénographe et d'architecte événementiel dans un musée totalement insolite qui invite le visiteur à se plonger dans un monde à mi-chemin entre musée et espace de performance artistique. La maison de Fabien est d'ailleurs fascinante, car elle est formée de salles qui sont autant de méandres à emprunter au fil de la visite. Chaque année, Fabien revoit la scénographie de son cabinet, revoit la décoration d'une pièce ou modifie l'emplacement de certaines pièces de collection. Ici, l'artiste donne une deuxième vie aux objets de la vie quotidienne, afin de susciter en vous un questionnement et une certaine curiosité. En cas de coup de cœur, il vous est possible d'acheter l'une de ses œuvres. Après la découverte de ce lieu où le temps est comme suspendu, Fabien vous propose d'adhérer à son café associatif pour prendre une consommation en terrasse, afin de profiter de la quiétude du bord de Seine.

Se restaurer

LE SAINT ROCH

12, rue Saint Roch
✆ 03 45 22 91 53
jerome.menarello@sfr.fr
Ouvert du mardi au jeudi de 8h à 14h et de 17h30 à 20h ; du vendredi au dimanche de 8h à 14h et de 17h30 à 23h. Formule du midi : 14 € (entrée, plat, dessert, café). Vin au verre. Boutique. Animations. Fait épicerie de première nécessité. Animations chaque mois.
Christine et Jérôme Menarello, les gérants du restaurant, sont installés depuis plus de 10 ans à Chamesson. Au Saint Roch, ils ont su créer un espace convivial où il fait bon manger. Le menu du jour propose une cuisine élaborée sur place à l'excellent

rapport qualité/prix. Poulet rôti, pizzas ou encore omelettes et paninis sont proposés à la carte pour manger sur le pouce ou profiter d'un bon repas en salle. Certains soirs de week-end, des concerts et soirées musicales sont organisés pour favoriser les rencontres entre riverains dans ce joli village.

■ ÉPATE EN BOURGOGNE

Ferme de Combe Noire
Coulmier-le-Sec
✆ 06 74 54 04 42
www.fermedecombenoire.eu
combenoire@gmail.com
AB (agriculture biologique). Fabrication de pâtes bio fraiches agrémentées de sauces maison au choix, et gaufres sucrées ou sallées cuitent dans une remorque food-tuck de cuisson nomade.
François Desliens, dresseur de chevaux et amoureux de la nature, est aussi producteur de pâtes fraîches. On peut le rencontrer à l'occasion d'évènements dans le Parc national de forêts et ses alentours. Ses pâtes sont produites à base de blé dur ou d'épeautre bio cultivés dans sa ferme. Dans son food-truck qui sillonne les routes du Parc national de forêts, François cuisine des pâtes fraîches (marquées *Esprit parc national*) relevées avec des sauces maison, dont il a le secret. Son imagination fertile lui permet de proposer fréquemment de nouvelles recettes très savoureuses. À déguster sans modération.

Emplettes

■ MI-OMBRE

3, rue de la Pointerie
✆ 06 10 08 68 72
www.mi-ombre.com
decalonne.charlotte@gmail.com
Ouvert du mardi au vendredi de 10h30 à 12h30 et de 14h30 à 17h30 ; le week-end de 14h30 à 17h30. Présents sur le marché de Châtillon-sur-Seine 1 samedi sur 2.
Mi-Ombre est une entreprise d'horticulture naturelle implantée sur l'ancien terrain de La Pointerie. D'avril à fin juillet, Mi-Ombre produit de nombreux types de légumes : salades, courgettes, poivrons, légumes anciens et oubliés ou tomates. Les variétés sont elles aussi nombreuses, on compte ainsi 11 types de tomates différentes. Découvrez également les plantes aromatiques, telles que le basilic et la citronnelle, ainsi que les fleurs. À certaines périodes de l'année, les plants sont également disponibles à la vente afin de composer votre propre potager.

■ LA FERME DU BOUT D'CHEMIN

EARL Molé
11, rue de Semond
Chemin-d'Aisey
✆ 06 50 35 45 44
drivefermier21.fr
Earl.mole21@gmail.com
AB (agriculture biologique). Ouvert tous les jours. Produits à commander sur drivefermier21.fr/ferme-du-bout-de-chemin.
Florence Molé, Jean-François Chemy et Jean-Yves Chevalier sont trois agriculteurs et éleveurs en agriculture biologique (AB) qui se sont spécialisés dans la production de viande de porc et de charcuterie au détail. La viande est découpée et transformée sur place, et peut même s'acheter à la ferme après avoir passé commande sur le drive fermier en ligne. Boudin noir et blanc, échine, côtes de porc ou même du chorizo sont disponibles à la pièce ou au poids selon le produit.

VISITE

LE POTAGER DE LA BORDE

Ferme de la Borde
Chemin-d'Aisey
✆ 06 50 22 97 27
lepotagerdelaborde@hotmail.com

AB (agriculture biologique). Ouvert le lundi et le mardi de 9h à 18h30 ; le mercredi et le vendredi de 16h à 18h30 ; le samedi de 9h à 12h ; le dimanche de 15h à 17h. Ouvert le dimanche (15h-17h).

Benjamin Verdot est un jeune maraîcher sympathique et passionné par l'agriculture biologique. Dans sa ferme de la Borde, il dispose de serres non-chauffées sous lesquelles poussent de nombreux légumes de saison uniquement. La vente des légumes se fait d'avril à mi-décembre, tandis qu'une vente spéciale de semis et de plants s'effectue début avril. Le rapport qualité/prix des légumes est imbattable car c'est de la vente en circuit court. Retrouvez les légumes habituels : courgettes, tomates ou potirons, mais aussi plus rares comme le pâtisson et le rutabaga.

RUCHERS DE DARBOIS

Petit Darbois
21400 Buncey
✆ 06 72 35 90 37
www.ruchersdedarbois.fr
bonjour@ruchersdedarbois.fr

Esprit parc national, Label AB. Miel d'été 250 g 6,50 € ; miel de printemps 250 g 6,50 €. Chutney, cire/bougies.

Benoît et Clotilde Lécuyer ont choisi le métier d'apiculteur en reconversion dans le Châtillonnais. Les Ruchers de Darbois sont nés en même temps que le Parc national de forêts dont ils ont immédiatement acquis la marque *Esprit parc national - forêts*. La miellerie dispose des meilleurs équipements, la filtration se fait à froid, la démarche est 100 % bio et la gamme est riche de miels d'été, de printemps, variantes aromatisées et chutneys. Les centaines de ruches abritent chacune 70 000 abeilles qui butinent les fleurs de forêts de tilleuls, chênes ou érables.

S'amuser - Sortir

CAFÉ CULTUREL ASSOCIATIF DES Z'UNS POSSIBLE

2, impasse Rive de Seine
✆ 03 80 93 21 61
leszunspossible.com
fabien.ansault@gmail.com

Esprit parc national – forêts. Fermé du 1er juin au 31 octobre. Basse saison : ouvert le week-end de 12h à 19h. Haute saison : tous les jours de 12h à 19h. BS : juin, septembre, octobre ; HS : juillet/août. Adhésion à l'association obligatoire ; tarif libre. Café associatif, pas de licence IV ; cuisine froide avec produits frais uniquement.

Le cabinet de curiosités les Z'uns Possible fait aussi café associatif. Après avoir visité le cabinet, Fabien Ansault vous propose de déguster une boisson fraîche ou de manger un plat froid préparé sur place. Adhérez à l'association, asseyez-vous face à la Seine, en terrasse, et profitez d'un plat concocté par les membres de l'association. Les assiettes végé élaborées avec des plantes sauvages trouvées dans le jardin ou dans la rue font partie des merveilles étonnantes à goûter ici. Bientôt, des charcuteries maison viendront compléter la gamme.

ROCHEFORT-SUR-BRÉVON

Bien que peu peuplé, le village cache des pépites. Parmi le circuit au fil de l'eau, il est le seul qui ne se situe pas au bord de la Seine, mais à l'un de ses affluents : le Brévon. Le hameau prend donc place dans la vallée du Brévon, qui est célèbre pour son régime hydrologique singulier. Ici, le sous-sol karstique fait ressortir de nombreuses sources, ou exsurgences, que l'on appelle douix dans le Pays Châtillonnais. Lors des périodes de fortes pluies, ces douix sont comme des sources qui ressortent çà-et-là, dans le vallon, et alimentent le Brévon qui peut alors prendre l'apparence d'un petit torrent de montagne. Parfois sauvage, le lieu est toujours somptueux, avec un patrimoine historique qui vaut le détour. Le village de Beaulieu, qui porte bien son nom et se situe à quelques encablures de Rochefort, est à ne pas manquer si vous aimez les bâtisses en vieilles pierres.

A voir – A faire

VALLÉE DU BRÉVON

Ouvert toute l'année. Tous les jours. Gratuit.

Le Brévon, un affluent de la Seine, prend sa source dans la Combe des Museaux, sur le territoire du village d'Échalot. Depuis des milliers d'années, ce petit cours d'eau creuse la roche calcaire du Pays Châtillonnais et a formé une vallée faiblement encaissée verdoyante. En suivant son cours, vous traversez des villages au patrimoine préservé et des étendues naturelles presque sauvages, où une faune et une flore singulières vivent en toute quiétude. Ne manquez pas le bourg de Beaulieu qui porte bien son nom en étant l'un des plus beaux villages du Châtillonnais.

CHÂTEAU DE MONTMOYEN

21290 Montmoyen

Visible toute l'année. Pas de visite.

Bâti au XVIe siècle sur les bases d'un ancien château-fort de l'époque médiévale, le château de Montmoyen est un véritable rescapé. Racheté en 1989 par les époux François et Élisabeth Hamy, alors qu'il était en ruines et abandonné depuis 20 ans, ce château de style Classique est aujourd'hui une pépite patrimoniale à ne pas rater quand vous passez dans le coin. La qualité de la restauration par ces deux passionnés d'histoire leur a valu de remporter le Prix spécial du Jury lors du Grand Trophée de la plus belle restauration 2015.

ABBAYE DU VAL DES CHOUES - MUSÉE OPÉRA DE LA VÈNERIE

Chemin du Val des Choues
21290 Essarois
✆ 03 80 81 01 09 - 06 71 35 01 40
www.abbayeduvaldeschoues.com
contact@abbayeduvaldeschoues.com
gite.abbayevdc@gmail.com

De juin à septembre (à confirmer auprès des propriétaires) : plein tarif 8 € ; tarif réduit 4,50 €. Musée de la vènerie : animation Soupe des chiens en été.

L'abbaye du Val des Choues est une île au milieu de la forêt Châtillonnaise. Jusqu'à ce jour, les propriétaires des lieux vous proposent de les rejoindre pour découvrir la vènerie dans le musée dédié. Outre la visite de ce musée, des expositions, collections et diverses manifestations privées prennent place dans ce superbe cadre.

© ROZENN KREBEL

Rochefort-sur-Brévon.

MONUMENT DE LA FORÊT

21400 Villiers-le-Duc
www.esprit-valmy.fr
Monument commémoratif en accès libre. Ouvert toute l'année.

Le Monument de la Forêt fut élevé en souvenir d'une bataille ayant eu lieu le 10 juin 1944 dans le cadre de la Libération de la France. Ce jour-là, quelques 500 maquisards, qui avaient trouvé un refuge sûr dans les forêts châtillonnaises, furent encerclés et attaqués par 2 000 soldats allemands et russes du régiment Vlassov. Connaissant bien le terrain, plus de 460 maquisards réussirent à briser l'encerclement et à s'enfuir, mais 37 d'entre eux périrent ou furent tués sommairement par les soldats ennemis. Le monument est un hommage à ces combattants de l'ombre.

Sports / loisirs / activités

API OM

12, rue Haute – Busseaut
✆ 06 44 88 13 68 – annettedulion.com
Planning des cours et séances de yoga par téléphone ou sur réseaux sociaux. Tarifs par téléphone ou sur les réseaux sociaux.

Depuis 2015, Annette Dulion propose des cours de yoga pour enfants et adultes. Mais pas n'importe où : au milieu de ses ruches, car elle est aussi apicultrice. Au milieu des abeilles et dans un écrin de verdure du Parc national de forêts, Annette propose plusieurs types de yoga aux néophytes ou aux profils confirmés. Ses séances de Hatha yoga, basées sur la bonne pratique des postures, débutent par un instant de méditation silencieuse et se terminent par des exercices de maîtrise du souffle, dans le pur respect des recommandations du Yogi silencieux de Madras.

DONKEY'ÂNE

34, rue du Roi
Saint-Germain-le-Rocheux
✆ 06 29 94 80 27
www.lepetitbonheur21.com
donkeyane21@gmail.com
Ouvert toute l'année. Tous les jours de 10h à 18h. Réservation des balades obligatoire. Formule découverte : 30 € pour 1 âne, puis 25 € par âne supplémentaire. 1/2 journée : 45 €. Journée : 65 €. Animations. Balade en compagnie d'ânes.

Esther et Michel, les gérants du gîte Le Bonheur 21 vous proposent avec Donkey'Âne une expérience insolite autour de la découverte de l'âne de portage et de la nature. Plusieurs formules s'offrent à vous : initiation, balades à la demi-journée, journée et même itinérance sur deux ou plusieurs jours en bivouacs ou en chambres d'hôtes. Ne cherchez pas, l'on ne trouve pas meilleure compagnie pour partir en exploration sur les sentiers escarpés du Parc national de forêts. Des stages de médiation asine vous apprennent tout sur ces formidables animaux.

MONTIGNY-SUR-AUBE

Le village de Montigny-sur-Aube a beaucoup de charme avec ses murs en pierre, ses volets en bois, sa jolie mairie du XIXe siècle et son château doté de vergers-potagers remarquables. Jusqu'à la Révolution, ce bourg se situait en Champagne et faisait partie de l'évêché de Langres. L'enclume et les marteaux représentés sur le blason de la commune symbolisent l'ancienne activité du bourg : la métallurgie. À présent, la vie agricole s'est considérablement développée et a pris le pas sur les activités industrielles. Le territoire de Montigny dispose également d'un réseau de rivières riches en poissons (l'Aube, l'Aubette et l'Ource) favorisant les activités de plein air. D'un point de vue architectural, le village et ses alentours sont dotés d'une grande richesse artistique : la commanderie des Templiers à la ferme d'Épailly, les églises et les lavoirs de chacune des communes proches représentent un patrimoine considérable. En outre, sur la commune de Montigny-sur-Aube est implanté un château dont la construction a débuté au XIIe siècle et qui est classé au titre des Monuments Historiques depuis 1961. Dans ce charmant village aux jardins fleuris, on peut également admirer trois ponts franchissant les divers bras de l'Aube, construits entre 1769 et 1773. L'église du XVIe siècle vaut elle aussi le détour, tout comme l'ancien lavoir-abreuvoir du village, construit au XIXe siècle.

A voir – A faire

■ CHÂTEAU DE MONTIGNY-SUR-AUBE & SES VERGERS-POTAGERS
2 rue de l'Eglise
21520 Montigny-sur-Aube
www.chateaudemontigny.com
info@chateaudemontigny.com
✆ 06 08 90 75 10
Autoroute A5 sortie 23 direction Montigny-sur-Aube (17 km)
Esprit parc national. 100% Bio. Classé Monument Historique depuis 1961. Labellisé Jardins Remarquables depuis 2015, Qualité Tourisme, Bienvenue à la Ferme, Vignobles et Découvertes.

▸ **Le domaine** ouvert de mai à septembre (dates précises sur site internet) du mercredi au dimanche inclus de 12h à 18h30 (dernière entrée 17h30) Adulte 9,50 € (audioguide compris). Gratuit pour les moins de 18 ans. Groupe (15 et +) 8,50 € (programme sur mesure possible)
Journées-Découvertes ou de formation sur réservation et en coffet-cadeau.
A visiter dans l'espace clos de murs du domaine : la chapelle, joyau de la Renaissance qui a sa pareille à la cathédrale de Langres, les parties architecturales du château (extérieur, 800 ans d'architecture), l'Espace Harry Truman inauguré en 2018 pour célébrer le Centenaire de sa présence à l'école de formation située au château en tant que jeune offiier avant de rejoindre le front alors promu capitaine, le parc,

les vergers-potagers XIXe, haut-lieu de l'Art de l'Espalier classé au titre du Patrimoine Culturel Immatériel en France depuis 2023. Plusieurs expositions permanentes jalonnent les lieux. Rucher XIXe.

- **Boutique :** Produits apicoles bio des Vergers-Potagers (miel, nougats, ouvrages, coffet-cadeaux. Fruits et légumes de saison ou vente de plants et plantes (annoncés à l'accueil ou sur Facebook)

- **Restauration :** A la Table Des Jardiniers est une ferme-auberge atypique, située dans le parc du château, où vous serez servis dans l'orangerie, la figueraie ou en terrasse.

La visite des Vergers-Potagers, le miel et la ferme-auberge bénéficient de la marque *Esprit parc national* et de nombreux labels sont associés au château et à l'ensemble de ses activités.

Tout est fait pour que vous goutiez au meilleur du territoire et votre visite un moment inoubliable.

Se restaurer

À LA TABLE DES JARDINIERS – CHATEAU DE MONTIGNY-SUR-AUBE

2, rue de l'Eglise
✆ 06 08 90 75 10
www.chateaudemontigny.com
info@chateaudemontigny.com

Esprit parc national. Bienvenue à la Ferme. Vignobles et Découvertes. 100% Côte d'Or. Qualité Tourisme. Ouvert de mai à octobre. Ouvert du mercredi au dimanche le midi à partir de 12h. Réservation recommandée. Coffret fraîcheur à 30 €. Dessert du jour 8 €. Accueil des groupes. Jardin. Terrasse. Boutique.

À La Table Des Jardiniers est un restaurant atypique, car sa cuisine est pensée à partir des produits issus des vergers-

© CHÂTEAU DE MONTIGNY-SUR-AUBE

A La Table des Jardiniers.

potagers du château de Montigny-sur-Aube. Uniquement disponibles à la belle saison, le midi, les mets sont des coffrets fraîcheurs à déguster en terrasse ou dans l'orangerie et élaborées à partir des productions des jardins remarquables, tout est fait pour que vous goûtiez au meilleur du territoire. Un régal ! Coffret Fraicheur (30,00 €), élaboré par le chef-cuisinier chaque matin à partir des produits Blo de saison des vergers-potagers. Composé de : trois plats salés et un dessert, accompagné d'une eau de source et d'un petit-pain cuit maison. Sélections de boissons alcoolisées ou non. Crémants de Bourgogne. Thés, cafés en sus. L'après-midi : salon de thé, desserts et sorbets maison sont également servis à la demande. Réservation conseillée au 06 08 90 75 10

■ CHÂTEAU DE COURBAN & SPA NUXE

7, rue du Lavoir – Courban
✆ 03 80 93 78 69
chateaudecourban.com
contact@chateaudecourban.com

Esprit parc national. Ouvert toute l'année. En basse saison, d'octobre à mai : fermés les mardis et mercredis. Réservation recommandée. Menus de 85 € à 150 €. Menu enfant : 29 € (moins de 12 ans). Vin au verre. Hôtel 4 étoiles de 24 chambres. Chèque Vacances. Jardin. Terrasse. 3 bornes Tesla 22kW.

Un hommage à la gastronomie locale et aux produits du terroir, voilà qui résume bien la cuisine proposée par Maxime Lesobre, le chef passionné du château de Courban. Dans ce restaurant gastronomique, les mets changent fréquemment. Entre classiques bourguignons revisités et cuisine audacieuse et moderne, les 7 plats se dégustent avec les yeux comme avec le palais. Le tout dans une ancienne grange transformée en lumineuse orangerie dotée d'une terrasse estivale avec vue sur les jardins.

Emplettes

■ ATELIER DE LA FAINE

31, rue Henri Jurien de la Gravière
Veuxhaulles-sur-Aube
✆ 06 72 42 02 20
atelierdelafaine.fr
atelierdelafaine@gmail.com

Esprit parc national. Ouvert du lundi au samedi de 8h à 17h. Boutique en ligne 24/24 et 7/7. Commande personnalisée sur RDV.

Nathalie Chapuis est tourneuse sur bois depuis 2009, mais contrairement à bon nombre d'autres artisans de sa spécialité, elle ne produit que peu d'objets modernes ou design. Nathalie s'est fait une réputation en réalisant des copies de vaisselle gallo-romaine et d'époque Renaissance en bois. Jattes, coupes à fruits, bols ou écuelles sont reproduits de façon remarquable à partir de nombreuses essences de bois. Chaque objet se décline ainsi en une multitude de tons et de dimensions pour le plus grand bonheur des passionnés d'histoire. En plus de cette particularité, Nathalie a depuis développé une maîtrise dans la fabrication de stylos en bois personnalisés. Vous lui expliquez ce que vous aimeriez, et cette artisane d'art réalise l'objet de vos rêves. Véritable touche-à-tout, elle peut aussi concevoir des stylos bi-matières mélangeant habilement le bois du Parc national de forêts avec le métal de votre choix. Vous aimez cet artisanat ? Bonne nouvelle pour vous : Nathalie organise des stages d'initiation au tournage sur bois mais aussi à la vannerie pour tous les âges !

Sports / loisirs / activités

CHÂTEAU DE COURBAN & SPA NUXE

7, rue du Lavoir – Courban
✆ 03 80 93 78 69
chateaudecourban.com
contact@chateaudecourban.com

Ouvert tous les jours et les jours fériés de 10h-13h + 15h-19h. En basse saison, d'octobre à mai : fermés les mardis et mercredis. Fermeture le 24 et le 25 décembre. Massage détente 45 min : 90 €. Massage du corps 1h15 : 150 €. Soins 1h30 : 150 €. Soins 45 min. 90 €. American Express.

Si vous cherchez un endroit où passer un moment hors du temps, venez profiter du Spa Nuxe au Château de Courban. Avec l'hôtel 4* et le restaurant gastronomique, le spa Nuxe constitue un site propice à l'émerveillement des sens. Sur place, abandonnez-vous au savoir-faire des masseurs professionnels pour une séance californienne ou indienne. Profitez aussi d'installations haut de gamme avec sauna, hammam, bains à remous, un hydrojet et une tisanerie pour poursuivre la relaxation.

VÉLORAIL DES MINERONS

31, rue Montfluard
Veuxhaulles-sur-Aube
✆ 06 12 17 46 46
veloraildesminerons.fr
contact@veloraildesminerons.fr

Du 1er mai au 28 septembre 2025 (en hors-saison pour les groupes de plus de 20 personnes). Entrée : 28 € (vélorail 5 places). Tarif groupe à partir de 20 personnes : 25 €. Buvette du 1er mai au 28 septembre 2025.

Un groupe de passionnés du patrimoine ferroviaire a remis sur pied l'ancienne ligne Bricon – Châtillon-sur-Seine, pour la transformer en espace dédié au vélorail. Sorte d'hybride entre un vélo 5 places et un petit wagon sur rails, le vélorail est idéal pour se balader en famille. Découverte d'une ancienne ligne ferroviaire de façon ludique, mais explorez aussi le Châtillonnais autrement. Cette expérience novatrice dure environ 1h15, le temps de faire un aller-retour de 30 km. À l'arrivée, une buvette ouverte en été vous permet de vous désaltérer après l'effort.

LEUGLAY

Ce n'est pas par hasard si Leuglay fait partie du circuit des sens. Moins connu que les communes voisines de Bure-les-Templiers, Recey-sur-Ource et Châtillon-sur-Seine, ce bourg de 300 habitants est pourtant devenu incontournable depuis la création du Parc national de forêts en 2019. Tout d'abord parce que la Maison de la Forêt y est implantée depuis 1998. Sorties nature, sensibilisation des scolaires et du grand public à la forêt et expositions thématiques sont organisées sur place. Ensuite, car la truffière-pilote et le Centre d'Interprétation de la Truffe de Bourgogne forment un pôle d'étude et de médiation sur la *Tuber Uncinatum*. À noter : Leuglay est aussi le point d'arrivée de la fameuse route de la Truffe de Bourgogne qui part de Nuits-saint-Georges, à 118 km de là. Plusieurs restaurants locaux réputés se sont aussi spécialisés dans la cuisine à base de la truffe de Bourgogne ! Bref, Leuglay devient petit à petit incontournable du point de vue gastronomique et naturel. L'installation de la Maison

© ROZENN KREBEL

Maison du Parc national et Maison de la Forêt à Leuglay.

du Parc national dans les locaux de la Maison de la Forêt souligne d'ailleurs ce changement de dimension récent de ce village de Côte-d'Or.

A voir – A faire

MAISON DU PARC NATIONAL – MAISON DE LA FORÊT
1, ruelle de la Ferme
✆ 03 80 81 86 11
www.forets-parcnational.fr
www.maison-foret.com
Ouvert du 1er avril au 7 septembre et pendant les vacances de la Toussaint, du mardi au vendredi de 9h à 12h et de 14h à 18h ; le week-end de 14h à 18h. Fermeture de la caisse à 17h. Visite du centre d'interprétation : Adulte : 5 €. Enfant : 3 €. Calendrier détaillé des sorties et manifestations sur le site Internet. Périodes de fermeture : visites possibles sur rdv. Boutique.
Cette première Maison du Parc national se situe au bord de l'ource à Leuglay, accueilli par l'association Maison de la Forêt. Centre d'interprétation du milieu forestier, sa visite permet de découvrir et de valoriser le patrimoine sylvestre du Châtillonnais tout en sensibilisant un large public à l'environnement et aux métiers de la filière bois. On y découvre la forêt à travers des expériences tactiles, olfactives et auditives. Depuis septembre 2022, la Maison s'est réinventée en ouvrant le Centre d'interprétation de la truffe de Bourgogne à l'initiative de l'Association de la Truffe côte-d'orienne et en collaboration avec le Parc national de forêts. Cette Tuber Uncinatum, résidente indissociable de la forêt locale, nous livre de manière remarquable ses secrets, son histoire, sa vie biologique, sa préciosité et finalement les manières de la déguster. Pour les animations de la maison de la Forêt, Sylvain et Luc, les deux guides nature, organisent de nombreuses activités en plein air, des promenades, des sorties orchidées ou encore de l'escalade dans les arbres.

© CÉLINE LECOMTE - OFB

Grimpe dans les arbres avec la Maison de la Forêt à Leuglay.

Passionnés par la richesse de leur territoire, ils savent vous fasciner en vulgarisant la faune et la flore locales auprès de tous les publics. Vous pouvez aussi partir à la découverte des champignons ou des baies sauvages et pourquoi pas vous familiariser avec les traces d'animaux ou découvrir le brame du cerf. Apprenez à reconnaître les chants d'oiseaux et à découvrir leur mode de vie grâce à un système multimédia qui vous est prêté. Et pour les plus aventuriers, la Maison de la Forêt propose des jeux de piste. Plantés en 2013 et 2014, la Truffière pilote et l'arboretum se développent et se visitent librement juste en face du parking.

GRIMPE DANS LES ARBRES – MAISON DE LA FORÊT

1, ruelle de la Ferme
✆ 03 80 81 86 11
www.maison-foret.com
leuglay@maison-foret.com
Esprit parc national. Tous les jours de Pâques à la Toussaint sur réservation. À partir de 18 € par personne, groupes de 5 personnes minimum, âge requis : 7 ans.

Avez-vous jamais eu envie de grimper au sommet d'un arbre pour voir la nature comme un oiseau ? C'est l'expérience immersive et fascinante que vous proposent Luc et Sylvain, les deux animateurs de la Maison de la Forêt. Avec du matériel d'escalade, et sur leurs conseils, vous grimpez tout en haut d'un arbre pour profiter d'une vue unique. Là-haut, vous apprenez des détails sur les essences sylvestres et sur les modes de vie de certains animaux. Une expérience assurément unique !

LA TRUFFIÈRE PILOTE - MAISON DE LA FORÊT

1, ruelle de la Ferme
✆ 03 80 81 86 11
www.maison-foret.com
Visite libre. Visite guidée possible sur réservation auprès de leuglay@maison-foret.com ou christine.dupaty@gmail.com.

CHRISTINE DUPATY

Présidente de l'association de la truffe côte-d'orienne 21 et 71

« Ma passion pour la truffe de Bourgogne a débuté lorsque mon mari et moi avons découvert, dans les parcelles de forêts qui nous appartenaient, des truffes de Bourgogne qui poussaient naturellement. Fascinée, j'ai été initiée à son cavage par un ami et j'ai intégré l'association de la Truffe côte-d'orienne. J'y ai appris qu'elle était un mets prisé des Ducs de Bourgogne, de par sa délicatesse en bouche et ses saveurs uniques. Véritable produit du terroir, la *Tuber Uncinatum* est un produit d'automne, comestible aux fêtes de fin d'année. Cette singularité m'a donné envie d'apprendre à la cuisiner au sein de la prestigieuse école Ferrandi. Comprenant l'importance historique et économique de la truffe pour le territoire, j'ai travaillé, en tant que Présidente de l'association, à la création de la Route de la Truffe de Bourgogne. C'est une route touristique de 118 km de long qui part de Nuits-Saint-Georges et aboutit à Leuglay. Avec le soutien du Parc national de forêts, nous avons conçu le Centre d'Interprétation de la Truffe de Bourgogne au sein de la Maison de la Forêt de Leuglay en 2021. À l'extérieur, la truffière-pilote est un laboratoire d'étude à ciel ouvert, où nous tentons d'optimiser la production de truffes et de faire des démonstrations de cavage pour les faire connaître au grand public. Notre objectif, ambitieux mais réaliste, est de placer la truffe de Bourgogne au même niveau que celle du Périgord. Nous travaillons à la création d'une AOC et d'une véritable filière locale. La création du Parc national de forêts a conforté l'importance économique et patrimoniale de la truffe de Bourgogne sur l'aire de notre territoire grâce à une collaboration très étroite. »

Belle récolte de truffes.

L'association La Truffe côte-d'orienne 21 et 71 a créé en 2013 une truffière pilote à portée scientifique, en partenariat avec la Maison de la Forêt, des travaux sur les molécules et les arômes de la *Tuber Uncinatum* ont été lancés par des chercheurs. En 2021, la truffière pilote a donné ses premiers résultats. Et comme pour consacrer l'aventure, en septembre 2022 a ouvert le Centre d'interprétation de la truffe de Bourgogne.

LE CHÊNE BOURGUIGNON
7, route de Voulaines
Vanvey
✆ 06 30 63 80 41
www.le-chene-bourguignon.com
lechenebourguignon@gmail.com
Esprit parc national. Ouvert du lundi au vendredi de 8h à 18h. Devis personnalisé sur RDV uniquement.
Étienne Rognon est menuisier à Vanvey depuis 1998. Originaire du Châtillonnais, il est parti en 1987 en tant que Compagnon du Tour de France pour se former aux différentes pratiques de menuiserie. Après 10 ans de formation, il est revenu poser ses valises au bord de l'Ource pour devenir spécialiste dans la confection d'escaliers en bois sur-mesure. Souvent dotés d'un design contemporain, ils s'intègrent parfaitement dans le décor de l'habitat tout en apportant une touche personnelle tout à fait unique. Outre son activité d'escaliéteur, cet artisan passionné propose des services de menuiserie traditionnelle. Portes et fenêtres sont minutieusement exécutées et peuvent être personnalisées selon vos goûts. Étienne et son collègue se sont aussi fait une belle réputation en tant que menuisiers dans l'ancien. Les portes des bâtiments historiques et de caractère sont ainsi reproduites avec un réalisme bluffant, ferronneries incluses. Soucieux de préserver l'environnement depuis ses débuts professionnels, Étienne se fournit en bois d'œuvre en circuit court, dans le Parc national de forêts uniquement. Cette volonté de préservation de l'environnement et sa capacité à transformer la matière vivante qu'est le bois lui ont valu l'obtention de la marque *Esprit parc national – forêts* en 2023.

Se restaurer

RESTAURANT LES FUMERONS
1, rue de Valverset
✆ 03 80 81 82 28
www.restaurant-lesfumerons.fr
mpquennesson@orange.fr
Ouvert du lundi au samedi de 9h30 à 15h30 ; le dimanche de 10h à 16h. Le soir sur réservation uniquement. En Basse saison, pas de restauration le dimanche. Réservation recommandée. Formule du midi : 22 € (entrée, plat, fromage, dessert les midis en semaine. 19,5 € 2 plats). Vin au verre. Plats à emporter sur commande. Traiteur. Accueil des groupes (de 10 jusqu'à 45 personnes, sur réservation). Terrasse. Parking.
Le restaurant Les Fumerons est l'adresse où déjeuner en toute simplicité et convivialité lorsque vous traversez le Parc national de forêts. Marie-Pierre Quennesson, toujours de bonne humeur, prépare une cuisine familiale et traditionnelle dont le menu change tous les jours. Entrée, plat, fromage et dessert : voici la formule du midi. Déco bois et tendance au coin de la cheminée en hiver, belle terrasse en

été. Chaque mercredi midi, un plat emblématique de la cuisine française 100 % fait maison vous est spécialement concocté ! Planches bourguignonnes en été.

Emplettes

■ **LES JARDINS DU COSMOS**
38, rue de Lugny
✆ 07 69 90 74 14
loic.jounot@gmail.com
Esprit parc national. AB (agriculture biologique). Haute saison : ouvert le vendredi de 16h à 19h. Commande en ligne sur www.cagette.net et retrait des commandes le vendredi à la ferme. Présence sur les marchés : Aignay-le-Duc vendredi matin ; Recey-sur-Ource samedi matin ; drive fermier Dijon vendredi après-midi.

Les Jardins du Cosmos, c'est l'histoire de Loïc et Isabelle Jounot, deux jeunes agriculteurs qui désirent être des acteurs du changement de paradigme dans l'agroalimentaire. Labellisés agriculture biologique dès leur ouverture en 2019, ils développent une production maraîchère d'une cinquantaine de variétés de légumes sur sol vivant. Autrement dit, il n'y a pas de travail manuel de la terre ; ce sont les vers de terre et d'autres insectes qui, à l'abri du soleil, renouvellent les nutriments du sol et l'enrichissent. Cette méthode, qui s'inspire directement de ce qui se passe sous nos pieds en forêt, donne des résultats spectaculaires. Le sol est toujours humide, même en période de sécheresse, et s'avère très riche. Résultat : les légumes sont d'excellente qualité et très nutritifs.

VISITE

© CÉLINE LECOMTE

Les Jardins du Cosmos.

Sports / loisirs / activités

RANDONNEE PEDESTRE AUDIO GUIDEE - MAISON DE LA FORET

1, ruelle de la Ferme
✆ 03 80 81 86 11
www.maison-foret.com
leuglay@maison-foret.com
Fermé du 1er avril au 7 septembre. Ouvert du mardi au vendredi de 9h à 15h30 ; le week-end de 14h à 15h30. Réservation du parcours recommandée. Entrée : 20 € location GPS.

Tout au long de la belle saison, la Maison de la Forêt vous propose plusieurs randonnées pédestres autoguidées par GPS. Participez à une chasse au trésor grandeur nature pour petits et grands sur des parcours allant de 2 km à 12 km. Véritable jeu de piste, cette balade avec GPS vous demandera de résoudre des énigmes pour avancer et terminer votre circuit. Ludique et pédagogique, cette randonnée familiale permet d'apprendre en s'amusant et en s'émerveillant devant la beauté de la forêt.

© CÉLINE LECOMTE - OFB

Echappée Nature.

ÉCHAPPÉE NATURE

4, voie Creuse
Saint-Julien
✆ 07 86 24 94 17
www.echappee-nature.fr
contact@echappee-nature.fr
Esprit parc national. Ouvert toute l'année. Tous les jours. Sur réservation. Tarif location un jour : 30 euros/vélo VAE minimum / deux jours : 50 euros/vélo VAE minimum. Visite guidée.

Échappée Nature est une invitation à vivre de fabuleuses expériences lors de balades thématiques aux alentours de Dijon et au sein du Parc national de forêts en vélo à assistance électrique. Les formules sont multiples : de la balade de 2h à la randonnée itinérante de plusieurs étapes. Enfourchez vos vélos et suivez votre guide Jean-Michel sur des parcours insolites, rythmés de visites à couper le souffle et de dégustations de produits du terroir. Le meilleur moyen d'allier respect de l'environnement, tourisme vert et rencontres à taille humaine.

SORTIES NATURE - MAISON DE LA FORÊT

1, ruelle de la Ferme
✆ 03 80 81 86 11
www.maison-foret.com
leuglay@maison-foret.com
Esprit parc national. Sorties nature saisonnières (voir programme sur site web). Sur réservation uniquement : 10 €/personne.

La Maison de la Forêt propose six sorties nature saisonnières qui ont lieu à des dates spécifiques chaque année. Chacune de ces sorties marquées *Esprit parc national - forêts*, permet d'explorer le Parc national de forêts hors des sentiers battus. Voici les sorties nature qui n'attendent que vous :

- Découverte matinale de la faune forestière : sur une demi-journée, parcourez le Cœur du Parc national de forêts et apprenez à identifier les grands animaux qui le peuplent.
- Balade dans le Parc national de forêts : participez à une randonnée de 8 à 9 km pour comprendre les principales caractéristiques naturelles du Parc national.
- Les baies sauvages d'automne : dans la campagne châtillonnaise, vous apprenez à reconnaître les baies comestibles que l'on trouve naturellement en automne.
- Découverte des champignons : accompagné par la société mycologique de Châtillon-sur-Seine, vous partez dans la forêt pour identifier les champignons comestibles et non comestibles.
- Sortie fleurs sauvages : le printemps à peine arrivé, les premières fleurs sauvages pointent le bout de leur nez. Cette sortie vous aide à différencier les primevères des violettes ou encore des anémones.

La Safranerie Templière.

- Sortie orchidées : sortez votre appareil photos pour capturer avec votre objectif les quelques 15 espèces d'orchidées qui poussent naturellement dans les bois du Parc national de forêts.

RECEY-SUR-OURCE

Recey-sur-Ource est un joli village d'environ 340 habitants qui existe depuis le Moyen Âge. La présence de l'Ource, principale rivière des environs, et de plusieurs ruisseaux secondaires ont certainement favorisé l'implantation des peuplements humains à cet endroit. Aujourd'hui encore, l'eau joue un grand rôle dans la vie et le développement du village. Le lac du Docteur Parisot, plan d'eau artificiel de 2 hectares, devient aux beaux jours un lieu de pique-nique prisé des Recéens et des camping-caristes qui peuvent s'arrêter au bord de l'eau. Le camping municipal, aménagé près de l'Ource, profite de la fraîcheur qu'apporte la rivière durant les chaleurs de l'été. Dans le centre-bourg, le Café des Initiatives et le Café Restaurant de la Gare apportent de la vie tout au long de l'année. Amateurs de vieilles pierres, il ne faut pas rater l'ancienne Chartreuse de Lugny, qui se situe en bordure de la route menant à Leuglay mais qui ne se visite malheureusement pas. À Recey-sur-Ource, une tour discrète et un pan de mur plaqué contre une ancienne maison sont les derniers témoins de remparts érigés au XVIe siècle, durant les Guerres de Religions. Mais le véritable joyau du village est naturel ; il s'agit du Marais des Brosses, marais tufeux possédant un parcours de découverte accessible à tout âge. Finalement, Recey-sur-Ource concentre tous les atouts du Parc national de forêts sur une petite superficie. Ne les ratez pas !

A voir – A faire

MARAIS DES BROSSES

Marais des Brosses – D102

Ouvert toute l'année. Tous les jours. Gratuit. Circuit d'interprétation sur pilotis pour comprendre ce qu'est un marais tufeux.

Le Marais des Brosses est l'un des quelques 200 marais tufeux que compte le Parc national de forêts. Ce paysage naturel vieux de plusieurs milliers d'années est créé de la roche, le tuf, de façon continue grâce à l'action de l'eau et à une réaction chimique complexe. Pour tout découvrir de ce milieu naturel aux faune et flore si riches, un circuit d'interprétation conçu sur pilotis a été mis en place en 2023. Les enfants adorent alors que les adultes restent émerveillés devant cette cascade pétrifiante emblématique de Recey-sur-Ource et du territoire du Parc national.

Emplettes

SAFRANERIE TEMPLIERE

7, rue de la Liberté

✆ 03 80 81 06 64

www.safrandehautecotedor.fr

contact@safrandehautecotedor.fr

Esprit parc national. Nature & Progrès. Ouvert du lundi au vendredi de 9h à 17h. Visite de la safranerie uniquement sur RDV. Téléphoner avant de venir sur place. Livraison possible (frais de port offerts à partir de 59 € de commande). Safran 0,2g 8,5 € TTC ; safran infusé dans l'huile de tournesol 40 ml 8 € TTC.

Depuis 2012, Jean-Christophe Baudot cultive le safran à Recey-sur-Ource et fait partie des producteurs de la marque 100 % Côte-d'Or. Labellisé Nature & Progrès et marqué *Esprit parc national,* il produit de l'échalote grise, de l'ail violet et du safran de grande qualité. Ses produits sont vendus en direct, *via* une boutique en ligne, mais on les retrouve aussi dans les marchés de producteurs locaux. Son safran, particulièrement parfumé, agrémente vos plats chauds comme froids pour les sublimer avec seulement une pincée de cet or rouge.

FERME DE L'AUBETTE ET DU CHEVAL GRIS

2, rue de l'Aubette

Chambain

✆ 06 85 88 09 27

fermedelaubette@gmail.com

Esprit parc national. AB (agriculture biologique). Ouvert le mercredi de 17h30 à 20h.

Benoît et Laurie Monzein sont à la fois des agriculteurs et des boulangers implantés à Chambain. Ensemble, ils cultivent 21 ha de terres pour produire du blé ancien et du blé tendre qu'ils transforment par la suite en farine T80 indispensable à la confection de pain. Pour cela, ils utilisent une meule de pierre, une méthode ancestrale qui permet une meilleure conservation des vitamines et des minéraux contenus naturellement dans les céréales. Ici, le pain est bio, au levain et se décline en de nombreux types très savoureux comme la brioche, les pains spéciaux ou naturels. Adeptes de la polyculture, Benoît et Laurie proposent également des lentilles vertes à la vente, ainsi que leurs différentes gammes de farines au poids. Si vous appréciez les saveurs incomparables des pains au levain, foncez dans cette ferme-boulangerie où Laurie et Benoît sont ravis de partager leur savoir-faire avec les gourmands.

S'amuser - Sortir

■ LE BISTROT DE L'AUBETTE

12, Grande Rue
Gurgy-la-Ville
✆ 06 57 56 87 34
Fermé du 1er septembre au 7 juin. Haute saison : ouvert du vendredi au dimanche de 12h à 22h. Animations. Concerts.
Le Bistrot de l'Aubette est un café associatif ouvert en été où l'on trouve des expositions, des concerts de groupes locaux ainsi que des spectacles. Lieu de rendez-vous pour tous les âges, il est avant tout un lieu de rencontre intergénérationnel. Tout au long de l'année, des guinguettes et des festivals thématiques y sont aussi organisés pour conserver un lien social au sein du village. Amoureux du 7e Art, le Bistrot propose des soirées projections pendant lesquelles un film peut être vu ou revu, tout en profitant d'une boisson et d'un repas préparé sur place.

DANCEVOIR

Dancevoir, village aujourd'hui peuplé par 200 personnes, était un bourg plus important il y a de cela quelques siècles. En témoignent les vestiges d'édifices prestigieux et d'assez grandes dimensions, qui détonent dans un si petit hameau. L'église Saint-Pierre-ès-Liens, qui date du XIIIe siècle, possède une très belle tour-porche de style Néoclassique. À l'intérieur, on peut encore apercevoir les dernières traces de peintures murales qui dateraient du Moyen Âge. Signe de son importance ancienne, la Maison Louis, qui date de 1564, nous montre une architecture civile typique de cette époque, avec une tour d'entrée octogonale et monumentale. Situé à la confluence de l'Aubette, qui se jette dans la rivière Aube, Dancevoir est aussi entouré de forêts épaisses. La présence d'eau et d'arbres en abondance favorise l'apparition fréquente de grands ongulés, qui peuvent souvent être aperçus de la route et des gîtes du village. Avec de la patience, vous pourrez observer des cerfs élaphes, l'un des animaux emblématiques du Parc national de forêts.

A voir - A faire

■ LES ATELIERS DU MILIEU

Rouvres-sur-Aube
✆ 06 64 25 44 36
www.lesateliersdumilieu.com
c.cornil@lesdecisifs.com
Ouvert toute l'année. Ouverture selon programmation. Gratuit. Certains stages, comme le yoga, peuvent êtres payants. Tarifs selon événements. Animations. Expositions, rencontres artistiques, spectacles.
À la fois résidence d'artistes, lieu d'expression artistique et tiers-lieu, les Ateliers du Milieu rassemblent les bonnes volontés et toute personne désireuse de partager avec autrui. Tout au long de l'année, des expositions, stages ou spectacles permettent aux locaux de se retrouver et d'échanger autour de la programmation. Assistez à une représentation de violoncelle, à un repas préparé en collectivité ou encore à une performance artistique sur le thème de la nature. Pensez à regarder la programmation sur les réseaux sociaux pour ne rien rater.

Se restaurer

LE SANGLIER

3, place de la Mairie
Rouvres-sur-Aube
✆ 03 25 84 21 00
Ouvert le mardi et du jeudi au samedi de 7h à 21h ; le mercredi de 7h à 13h ; le dimanche de 7h à 13h et de 16h à 21h. Pas de restauration le dimanche. Réservation impérative. Menu unique à 15 € (menu unique entrée + plat + fromage + dessert). Terrasse. Bar et épicerie.
Le Sanglier est un petit restaurant de cuisine française traditionnelle géré par Mireille. Ici, c'est un peu comme si vous alliez manger chez des proches, tant la gérante est accueillante. Spécialiste de la potée langroise, un plat typique de la Haute-Marne, Mireille vous fera voyager avec sa cuisine simple mais savoureuse à souhait. Le Sanglier propose un menu unique au rapport qualité/prix exceptionnel, concocté avec des produits de qualité et locaux. Entrée, plat et dessert sont tous cuisinés sur place. L'établissement fait également petite épicerie et bar.

Emplettes

POLLEN ET PROPOLIS

29, rue de Verdun
✆ 06 80 51 61 45
andre.mitaut@orange.fr
Esprit parc national. Ouvert tous les jours. Uniquement sur RDV.
André Mitaut est un apiculteur amateur qui possède aujourd'hui une vingtaine de ruches. Il a appris l'apiculture au contact de son père qui possédait en son temps déjà ses propres ruches. Souhaitant approfondir ses connaissances de base, André a par la suite effectué des stages auprès d'associations apicoles de Haute-Marne. Désormais, il produit du miel toutes fleurs d'été et de printemps qui est unanimement reconnu sur le territoire et est marqué *Esprit parc national.*

© CÉLINE LECOMTE - OFB

Pollen et Propolis : gîte et miels.

PENSE FUTÉ

Randonnée en forêt.

© CÉLINE LECOMTE

SE RENDRE DANS LE PARC NATIONAL DE FORÊTS

EN TRAIN

Aucune commune du Parc national de forêts ne comporte de gare ferroviaire assurant le transport des voyageurs. Pour venir sur place en train, vous pouvez arriver à ces différentes gares puis prendre une liaison en autocar :

- Gare TGV de DIJON
- Gare TGV de MONTBARD
- Gare de LANGRES
- Gare de CHÂTILLON-SUR-SEINE
- Gare de CHAUMONT
- Gare d'IS-SUR-TILLE

PAR LA ROUTE

En voiture

Deux autoroutes traversent le Parc national de forêts côté Haute-Marne. L'autoroute A5, qui relie Paris au Plateau de Langres, possède 2 sorties menant au Parc national :

- Sortie 23 - Ville-sous-la-Ferté
- Sortie 24 - Semoutiers

L'autoroute A31, qui relie la Lorraine à la Bourgogne, fait la jonction avec l'A5 au niveau de Langres, avant d'offrir 3 sorties qui mènent au Parc national de forêts :

Forêt de Lugny.

© ROZENN KREBEL

Sur les routes du Parc national de forêts.

- Sortie 7 - Langres-Nord
- Sortie 6 - Langres-Sud
- Sortie 5 - Til-Châtel

En car

Côté Haute-Marne, l'offre de transport en autocar se fait uniquement à la demande, avec des départs de Langres et de Saint-Geosmes. Consultez le site internet linggo.fr pour plus de renseignements.

Côté Côte-d'Or, retrouvez quatre lignes d'autocars permanentes :

- La LR 124 : Dijon – Châtillon-sur-Seine
- La LR 125 : Marcilly – Châtillon-sur-Seine
- La LR 127 : Châtillon-sur-Seine – Laignes
- La LR 123 : Châtillon-sur-Seine – Montigny-sur-Aube – Gevrolles

Pour plus de renseignements sur les horaires, les lignes et les tarifs, rendez-vous sur le site internet www.mobigo.fr.

EN BATEAU

■ HALTE NAUTIQUE DE ROLAMPONT

24, rue de Champagne
Rolampont
✆ 03 25 84 71 28
communederolampont.wordpress.com/
commune.rolampont@orange.fr
Ouvert tous les jours. Gratuit.

La commune de Rolampont a aménagé cette halte nautique gratuite en 1995 en bordure du canal entre Champagne et Bourgogne. Au total, ce sont 40 mètres de quais disponibles qui attendent les plaisanciers soucieux de se reposer et de trouver les services indispensables à la vie en bateau. Électricité, eau potable et toilettes avec accès PMR sont disponibles 24h/24, 7j/7. Il y a également une aire camping-car libre d'accès face à la halte nautique, avec des tables de pique-nique.

CIRCULER DANS LE PARC NATIONAL DE FORÊTS

Le meilleur mode de transport au sein du Parc national de forêts reste la voiture car les distances entre les communes sont élevées. Comptez 30 min de route entre Châtillon-sur-Seine et Châteauvillain et 15 min entre cette dernière et Arc-en-Barrois. Comptez 1h30 de trajet pour traverser le Parc national dans son sens nord-sud, et encore moins dans le sens est-ouest.

La qualité des routes départementales du Parc national étant au rendez-vous, l'on prend facilement plaisir à explorer les forêts du territoire en voiture. Mais pour les adeptes des loisirs nature, alors la randonnée pédestre, équestre et cycliste devient le moyen le plus agréable pour circuler dans le Parc national de forêts et profiter de tous ses trésors : naturels, historiques ou artisanaux.

Château de Courban & Spa Nuxe.

HÉBERGEMENT

HÔTELS

CHÂTEAU DE COURBAN & SPA NUXE****

7, rue du Lavoir
Courban
✆ 03 80 93 78 69
chateaudecourban.com
contact@chateaudecourban.com

Esprit parc national. En basse saison d'octobre à mai : fermé les mardis et mercredis. Accueil jusqu'à 21h. 24 chambres. Chambre double à partir de 161 € ; suite. Petit déjeuner buffet : 22 €. Lit supplémentaire : 30 €. Parking couvert inclus. Coffrets cadeaux. Animaux acceptés (14 €). Séminaires. Réceptions et mariages. Wifi gratuit. Restauration (menus de 85 € à 150 €). Hammam, bain bouillonnant, sauna. Spa et massages sur rendez-vous. 3 bornes Tesla 22kW.

Ce charmant hôtel 4 étoiles, situé au cœur des vignes et dans le Parc national de forêts, se tient dans une magnifique bâtisse du XIXe siècle. L'établissement propose 24 chambres, toutes différentes, à la décoration soignée, de style campagne chic. Profitez du spa Nuxe pour une pause relaxante, et goûtez à la délicieuse cuisine du chef Maxime Lesobre, dont le restaurant est situé dans l'orangerie du château. Une étape incontournable du nord de la Bourgogne.

GÎTES ET CHAMBRES D'HÔTES

LA DEMOISELLE

4, rue sous les Vieilles-Halles
Aignay-le-Duc
✆ 03 80 93 90 07
www.maisonlademoiselle.com
claude.o.bonnefoy@wanadoo.fr

Gîtes de France. 5 chambres. Simple 55 € ; double 60 € ; triple 80 €. Table d'hôtes : 25 €.

M. Bonnefoy a ouvert cette maison d'hôtes atypique dans une belle maison de maître datant du XVIIIe siècle et construite contre la roche. Des extérieurs fleuris et un intérieur authentique avec cheminées d'époque, pierres apparentes, décoration simple et élégante. Les cinq chambres disposent de leur propre salle d'eau et cabinet de toilettes. Les parties communes offrent un espace détente avec un salon, une bibliothèque, et un séjour aménagé. Les amateurs du charme rustique seront ici ravis. Un lieu idéal et calme, avec un jardin et une jolie vue sur le village.

CHÂTEAU DE TAVANNES

11, route de Dijon
Aisey-sur-Seine
✆ 06 13 32 33 47
www.chateaudetavannes.com
famillechristian@chateaudetavannes.com

Esprit parc national. Ouvert toute l'année. Pour 4 personnes (2 chambres). De 1 000 € à 2 500 € la semaine selon saison. 1 chambre avec lit double et 1 chambre avec 2 lits simples. Wifi gratuit. Vente (cave à vins sur le domaine). Salon de jardin, lave-linge, lave-vaisselle. Excursions (dégustations privées de vins effervescents et tranquilles).

Ce gîte est installé dans l'ancien pavillon de l'octroi du château de Tavannes. Vous avez donc un accès privatif et disposez d'un parking. Vous pouvez vous promener dans le parc du château et profiter d'une dégustation des vins effervescents et tranquilles du Domaine de Tavannes. Le gîte a conservé le cachet de l'ancien avec une belle cheminée et une bâtisse en pierres de Bourgogne, mais a été restauré pour se voir doté du confort moderne. Profitez d'une cuisine toute équipée privée et de deux chambres pour passer un séjour familial dans une demeure de charme.

■ DOMAINE DE LA CHOUETTE

Domaine de la Chouette
Hameau de la Chouette
Aisey-sur-Seine
✆ 06 42 59 10 77
www.domaine-de-la-chouette.fr
virginie.lenfant@orange.fr

Ouvert toute l'année. Pour 20 personnes (8 chambres). De 670 € à 1 940 € la semaine selon saison. Réservation de 2 nuits minimum. Séminaires. Réceptions et mariages. Wifi gratuit. Salon de jardin, lave-vaisselle. Excursions (parc national de forêts, pêche à la mouche, no-kill, 1e catégorie).

Le Domaine de la Chouette dispose de 3 gîtes implantés dans une ancienne entreprise de pisciculture. 2 gîtes accueillent chacun 4 personnes et un troisième peut accueillir 12 personnes. Labellisé « hébergement-pêche », le domaine est idéal pour les amateurs de pêche qui cherchent un lieu calme pour s'adonner à leur loisir favori. No-kill, pêche à la mouche, en étang ou en rivière, il y en a pour tous les goûts. En plus, il est possible de privatiser un étang à la journée, de louer une salle de séminaire de 100 places et d'acheter le matériel de pêche sur place.

■ MAISON D'ART ET D'HÔTES

8, rue de l'Eglise – 21290 Voulaines-les-Templiers (France)
✆ 06 60 93 88 41
galeriedartetdor@gmail.com

Esprit parc national - forêts. Gîte 6 personnes, 3 chambres. À partir de 225 €/nuit ; 2 nuits d'affilée minimum. Piscine couverte.

Agnès et Patrick, qui tiennent une galerie d'art à Châtillon-sur-Seine, possèdent aussi ce très beau gîte dont l'aménagement intérieur tient sur cinq demi-niveaux. Sa décoration, qui fait la part belle à la pierre de Bourgogne et au bois-d'œuvre, est une merveille parfaitement mise en valeur par l'ajout de meubles vintages et d'œuvres-d'art. L'autre joyau de ce gîte n'est autre que la piscine extérieure couverte, qui est partagée avec les propriétaires. Un hébergement de qualité qui a obtenu la marque *Esprit parc national - forêts.* La Petite Maison d'art et d'hôtes à Voulaines est tenue par les mêmes propriétaires. Ce gîte 2 personnes est lui aussi bénéficiaire de la marque *Esprit parc national.*

■ LA NOUVELLE ARCHE

2, rue Haute
Aisey-sur-Seine
✆ 06 18 04 15 56
lanouvellearche.fr
lanouvellearche21@gmail.com

NATHALIE PIERRE
Sympathique propriétaire des Villas du Parc en Bourgogne

« Originaire du Pays Châtillonnais, je viens d'une famille de paysans implantée sur le territoire depuis l'époque des Ducs de Bourgogne ! Avec ma famille, je suis propriétaire d'une maison à Vanvey non loin des Villas du Parc en Bourgogne. Ma vie a été chamboulée quand j'apprends fin 2017 que la propriété est à vendre. Après une réflexion rapide, j'ai fait « tapis » en y mettant toute mon énergie débordante et ma carrière professionnelle au ralenti. Cinq mois et demi de travaux colossaux furent nécessaires pour garantir une offre qualitative, certifiée officiellement 5* par Atout France à l'ouverture des gîtes en 2018. Tout y est réalisé comme si c'était pour moi, j'ai équipé et décoré les maisons. Le parc de 17400 m² est entretenu avec des espaces naturels laissés à la biodiversité riche sur place. Mon attachement au patrimoine est fort et je fais restaurer les bâtiments selon les méthodes traditionnelles. Je ne fais appel qu'à des artisans locaux pour les travaux de restauration et de maintenance. La couleur des ferronneries est le Rouge Bourgogne, petit clin d'œil à l'identité locale. Une gestion rigoureuse et respectueuse m'a permis d'obtenir la marque *Esprit parc national – forêts* en 2020, l'Écolabel européen et la mention Gîtes WWF. Les Villas sont aussi lauréates de la Mission Bern 2024, qui me permettra de restaurer les dépendances de la Villa des Promenades. Passionnée par la valorisation des patrimoines, je suis reconnaissante au Parc national de forêts d'apporter un coup de projecteur sur le territoire et ses habitants. À mon sens, il ne génère pas de contrainte supplémentaire, je le vois plutôt comme un tremplin pour construire l'avenir. »

© NATHALIE PIERRE

Ouvert toute l'année. Pour 15 personnes (250 m², 5 chambres). De 1 500 € à 1 850 € la semaine selon saison. En hiver, un surcoût de 30 €/jour est demandé pour le chauffage central. Ménage fin de séjour 95 €. Animal 45 €/séjour. Wifi gratuit. Salon de jardin, lave-vaisselle. Excursions (parc national de forêts, bord de Seine, balades VTT, pédestres et à cheval).

Imaginez un gîte de groupes pour 15 personnes dans une ancienne maison de maître de la Belle-Époque qui serait retapée par un ancien architecte d'intérieur parisien. C'est exactement ce que l'on trouve à la Nouvelle Arche, une belle bâtisse de 1900 entièrement rénovée par Alexandre Caumont en 2018 pour offrir aux vacanciers une reconnexion à la nature et aux choses simples de la vie. 5 chambres articulées autour des éléments primaires et d'œuvres emblématiques vous plongent dans un univers onirique où imaginaire et nature se mêlent. Un lieu de déconnexion unique.

LES CHARBONNIÈRES

Chemins de traverse
9, rue du Val Clavin – Auberive
✆ 03 25 84 71 86
chemindetraverse52.org
cin.auberive@ligue52.org

Ouvert d'avril à octobre. Pour 4 personnes 1 chambre (1 lit double et 2 lits simples superposés). Nuitée simple en chambre individuelle : 25 €/adulte et 17 € /enfant (+7 €/personne/séjour pour les draps). Nuitée randonneurs : 18 €/adulte et 12 €/enfant (+7 €/personne/séjour pour les draps). Wifi gratuit. Restauration (1 cuisine aménagée avec plaques de cuisson gaz, micro-ondes, four électrique, réfrigérateur et cuisinière à bois). Vente (épicerie à 1 km). Animations. Excursions (animations/excursions du CIN d'Auberive disponibles. Point info sur les activités des environs).

Le gîte Les Charbonnières est un gîte d'étape idéal pour les randonneurs qui empruntent le GR7 ou vont en direction de Saint-Jacques de Compostelle. Sur place, découvrez 7 couchages dans deux chambres séparées, ainsi qu'une cuisine équipée vous permettant de faire à manger pour le soir et le lendemain. Une salle d'eau permet de vous laver après une journée de marche mais aussi de nettoyer vos habits avant de reprendre la route. Le gîte étant situé dans les locaux du CIN, vous bénéficiez des conseils des salariés sur les découvertes possibles à proximité.

LE SABOT DE VÉNUS

13, Grande-Rue
Bure-les-Templiers
✆ 03 80 81 00 28
www.le-sabotdevenus.fr
lesabotdevenus@laposte.net

Ouvert toute l'année. Pour 14 personnes (240 m², 5 chambres). De 950 € à 1 200 € la semaine selon saison. 650 € le week-end (2 nuits). Draps et serviettes fournis. Chambre pour personne à mobilité réduite au RDC. Animaux acceptés (uniquement sur demande préalable). Restauration (restaurant le Sabot de Vénus à proximité. menus à partir de 17 €).

Arole et Sabrina Dupaty que nous connaissons bien pour leur restaurant, Le Sabot de Vénus, ont restauré une ancienne ferme du petit bourg de Bure-les-Templiers. La ferme au style typique du Châtillonnais est devenue un gîte pouvant loger 14 personnes. L'intérieur est neuf, dans un style épuré respectant l'architecture de la bâtisse. Les 5 belles chambres sont chacune équipées de salle de bains et toilettes, la cuisine dispose d'un superbe fourneau. Tout a été mis en place pour passer un excellent séjour. Douillet en hiver et pratique en été avec 2 terrasses.

■ **LES Z'UNS POSSIBLE**
2, impasse Rive de Seine
Chamesson
✆ 03 80 93 21 61
leszunspossible.com
fabien.ansault@gmail.com
Esprit parc national. Gîtes de France (3 épis). Fermé du 1er novembre au 31 mars. Pour 2 personnes (1 chambre). De 350 € à 600 € la semaine selon saison. Restauration (plats froids cuisinés maison au café associatif les Z'uns Possible). Salon de jardin. Excursions (gîte en bord de Seine, situé dans le Parc national de forêts).
Le gîte des Z'uns Possible est, de l'aveu de son propriétaire Fabien Ansault, destiné aux curieux d'art et de nature. Situé à l'arrière du cabinet de curiosités, le gîte donne directement sur la cour et un petit jardin où l'on est seulement perturbé par le chant des oiseaux. Modernisé il y a quelques années, ce gîte tout confort est parfait pour un séjour de plusieurs jours dans le but de se reconnecter à la nature et d'explorer le Val de Seine et le Parc national de forêts. Fabien sait aussi vous conseiller lorsque vous cherchez une idée de visite.

■ **LE NID DE CIGOGNES**
1, rue du Moulin – Dancevoir
✆ 07 87 84 36 25
www.leniddecigognes.com
leniddecigognes52@gmail.com
Esprit parc national. Gîtes de France (4 épis). Ouvert toute l'année. Pour 15 personnes (330 m², 6 chambres). De 2 000 € à 3 500 € la semaine selon saison. Séjour 3 jours/2 nuits 625 € ; séjour 4 jours/3 nuits en semaine 860 €. Jeux pour enfants. Wifi gratuit. Service de ménage. Salon de jardin, location de draps, lave-linge, sèche-linge, lave-vaisselle. Sauna. Excursions (cinéma, pêche, sentiers de randonnée).
Le Nid de Cigognes est un superbe Gîte de France 4 épis situé dans le très beau village de Dancevoir. Au total, 6 chambres peuvent accueillir 15 personnes sur 330 m² de surface. Repris en 2020 par Bernard et Ghislaine Cornelius, ce havre de paix rural est devenu le logement idéal pour des retrouvailles en famille ou des séjours entre amis. Sur place, de nombreux loisirs et activités sont à votre disposition, dont une table de ping-pong et un court de badminton ! À souligner : un sauna est ouvert toute l'année pour le plus grand bonheur des amateurs de relaxation.

© CÉLINE LECOMTE
Le Nid de Cigognes.

PENSE FUTÉ

POLLEN ET PROPOLIS

29, rue de Verdun – Dancevoir
✆ 06 80 51 61 45
andre.mitaut@orange.fr
Esprit parc national. Gîtes de France (2 épis). Ouvert toute l'année. Pour 2 personnes (35 m², 1 chambre). De 200 € à 350 € la semaine selon saison. Animaux acceptés (supplément 15 €). Wifi gratuit. Vente (le propriétaire est un apiculteur proposant toutes sortes de produits dont miels). Salon de jardin, location de draps. Excursions (au cœur du Parc national de forêts).
André Mitaut est le propriétaire de ce petit gîte cosy dont la terrasse intérieure donne directement sur le jardin et le verger. Une chambre permet à 2 personnes de profiter d'un séjour au cœur du Parc national de forêts. Amateurs d'apiculture, profitez de la passion d'André, apiculteur de métier, qui est ravi de partager ses connaissances sur les abeilles et le miel avec ses convives. En plus du miel, André conçoit aussi son jus de pomme maison et cultive des légumes dans son potager. Profitez de la terrasse en pin, à l'ombre des arbres, et des transats installés par le propriétaire pour vous relaxer au son des oiseaux. Adeptes des randonnées et des escapades nature, André propose aussi des vélos en libre-service pour partir sur les sentiers cyclables du Parc national de forêts. Vous avez aussi la possibilité de suivre, à pied, le cours de la rivière Aube qui serpente dans le village de Dancevoir. Louer le gîte d'André, c'est choisir un séjour bucolique où nature rime avec gourmandise.

LE MOULIN SUR LA SEINE*****

1, rue du Puisoir – Etrochey
✆ 06 77 96 42 98
lemoulinsurlaseine@orange.fr
Gîtes de France (4 épis). Ouvert toute l'année. Pour 10 personnes (220 m², 4 chambres). De 3 500 € à 6 000 € la semaine selon saison. Animaux acceptés (caution 400 €). Wifi gratuit. Salon de jardin, lave-vaisselle. Bain bouillonnant, sauna.
Michel, propriétaire de cette belle maison bourguignonne en bord de Seine, a mis les petits plats dans les grands pour concevoir un gîte absolument divin. Restauré il y a 15 ans, ce gîte 5* et 4 épis est doté du confort moderne avec tout le matériel nécessaire au ressourcement et à la détente. Sauna, bain à remous en extérieur vous offrent une vue splendide sur la Seine et fonctionnent en toutes saisons sauf exceptions météorologiques. Un havre de paix dans le Parc national de forêts.

LA MAISON DE GABRIELLE

23, Rue de la Ganterie – Giey-sur-Aujon
✆ 03 25 02 50 51
madeloison@orange.fr
Esprit parc national. Gîtes de France (3 épis). Ouvert toute l'année. Pour 5 personnes (80 m², 2 chambres). À partir de 44€ la nuit. Jeux pour enfants. Wifi gratuit. Service de ménage. Salon de jardin, location de draps, lave-linge, lave-vaisselle. Excursions (sentiers de randonnée du Parc national de forêts).
Madeleine Loison vous accueille dans une maison de campagne haut-marnaise restaurée en 2012. Nichée dans un écrin de verdure de la bucolique vallée de l'Aujon, la location bénéficie de tout le confort moderne. Découvrez les 2 chambres qui partagent une salle de bains et qui peuvent accueillir jusqu'à 5 personnes. Au RDC, une belle cheminée à l'ancienne réchauffe les cœurs les soirs d'hiver, tandis que le

jardin privé de 120 m² est idéal pour profiter des beaux jours. Les adeptes de randonnée profitent aussi des nombreux sentiers tout proches.

LE CLOS LATOUR

2, rue du Meunier
Grancey-le-Château-Neuvelle
✆ 06 48 22 74 67
jpboiget@gmail.com

Ouvert toute l'année. Pour 26 personnes (11 chambres). De 3 300 € à 6 000 € la semaine selon saison. Week-end de novembre à mars : 1500 €. De mai, juin, de septembre au 10 octobre : 2400 €, juin : 2900 €. Jeux pour enfants. Wifi gratuit. Salon de jardin, lave-linge, sèche-linge, lave-vaisselle. Excursions (dans le village médiéval de Grancey-le-Château-Neuvelle et le Parc national de forêts).

Le Clos Latour est un gîte familial ou de groupes exceptionnel. Il prend place dans deux maisons bourgeoises du XIXe siècle qui ont été entièrement restaurées et dotées du confort moderne par la propriétaire Émeline Boiget. La location au week-end ou à la semaine vous permet de profiter de 11 chambres dont 6 suites, de 3 cuisines équipées, de plusieurs salons d'apparat et des caves qui donnent sur un parc clos de 7 500 m². Idéal pour les séjours familiaux ou entre amis, ce gîte d'excellence dispose de divers loisirs, comme un trampoline et une table de ping-pong.

FERME DE BORGIRAULT

Ferme de Borgirault – Hotel La Grange
Grancey-le-Château-Neuvelle
✆ 03 80 75 66 24
www.borgirault.fr
info@borgirault.fr
Prendre route de Vivey/Auberive sur 2 km puis chemin d'accès sur la droite.

Gîtes de France (2 épis). Ouvert toute l'année. Sur réservation. Accueil en français, anglais et allemand. Pour 30 personnes (7 chambres). Tarifs réduits pour enfants. 15 € la nuit par personne. 31 € la demi-pension. 5 € le petit-déjeuner Animaux acceptés (gite équestre : hébergement des chevaux). Restauration (cuisine familiale du terroir en table d'hôte pour les résidents uniquement – Fruits et légumes de la ferme ou production locale). Randonnées équestres sur place.

Située sur le GR7, la ferme de Borgirault est l'étape idéale pour explorer à pied, à vélo ou à cheval les plus beaux sentiers du Parc national de forêts. Sabine et Christopher Lenz ont créé ce lieu avec le soin du détail et vous réservent le meilleur accueil. Des balades à cheval ou à poney sont proposées. La ferme de Borgirault est au final un gîte d'étape pour 30 personnes réparties dans plusieurs chambres avec des pièces à vivre, salle à manger et cuisine équipée. La table d'hôte, réservée aux résidents, promet de belles rencontres avec les autres randonneurs.

LE BAILLI DE MONTSAUGEON

4, Rue de l'église Notre-Dame
Le Montsaugeonnais
✆ 03 10 20 62 81
www.lebailli.com – info@lebailli.com

Ouvert toute l'année. Heure d'arrivée : à partir de 16h00, heure de départ : jusqu'à 11h00. 3 chambres. Chambre simple à partir de 109 € ; chambre double à partir de 119 €. Demi-pension (table d'hôte 36,50 €/pers 4 plats ; menu enfant – 12 ans 17,50 €). Petit déjeuner inclus. Parking fermé inclus. Service de ménage. Excursions (visites de Montsaugeon et du Jardin d'Isabeau à la Tour des Villains. Muid Montsaugeonnais à proximité).

Le Bailli de Montsaugeon est une très charmante maison d'hôtes disposant de 3 chambres alliant le confort moderne et le mobilier d'époque. Profitez d'un séjour chez l'habitant particulièrement dépaysant grâce à la rénovation complète de cet ancien hôtel particulier. Située au cœur de Montsaugeon, village labellisé Petite Cité de Caractère, cette maison-d'hôtes fait aussi table-d'hôtes. Dégustez un service 4 plats préparé sur place et à partir de produits du terroir. Le temps d'un séjour, vous êtes chaleureusement accueilli par Arnold, votre hôte passionné.

GÎTES DE LA GARE

Rue de la Gare
Leuglay
✆ 09 66 89 82 50
www.gites-de-france.com
info@gites-de-france.fr

Esprit parc national. Gîtes accessibles au PMR. Gîtes de France (3 épis). 5 gîtes pour 4 à 5 personnes. De 270 € à 370 € la semaine selon saison. 49 € pour une nuit et par gîte. Caution de 300 € par gîte. Chèque Vacances. Wifi gratuit. Service de ménage. Salon de jardin, location de draps, lave-linge, sèche-linge, lave-vaisselle. Excursions (lit bébé et chaise haute sur demande. Chemin de promenade « Fraîche fontaine »).

Au nombre de 5, les gîtes comportent chacun une couleur attitrée qui les rend uniques. Ils sont construits sur 2 étages et peuvent accueillir entre 4 et 5 personnes. Conçus en bois et nichés au cœur du Parc national de forêts, ils donnent accès à plusieurs chemins de randonnée pédestre et de VTT. Juste à côté, l'ancienne gare fait office de point d'accueil et dispose d'une télévision, de toilettes ainsi que d'une machine à laver et d'un sèche-linge en libre accès. Chaque gîte dispose d'une terrasse pour prendre un petit-déjeuner ou un repas face à la nature.

MAISON MARD'OR

5, rue de la Mairie
Mardor
✆ 06 61 55 21 04
maisonmardor.fr
maisonmardor@gmail.com

Gîtes de la Gare.

© CÉLINE LECOMTE - OFB

Maison Mardor.

Esprit parc national. Gîtes de France (4 épis). Fermé du 21 septembre au 5 octobre et du 22 décembre au 2 janvier. 2 chambres (plume 85 € ; Sylvaë 95 €). Chambre double à partir de 95 € la nuit, à partir de 85 € la nuit. Petit déjeuner inclus. Lit supplémentaire : 45 € (dans la chambre Sylvaë seulement). Adultes de + de 16 ans acceptés uniquement. Wifi gratuit. Restauration (table d'hôtes le soir 27 €/personne).

Bienvenue à la Maison Mard'Or, où Sylvie et Pascal vous accueillent en amis. Deux chambres à la déco moderne et invitant au voyage vous attendent, pour une nuit ou plus. Pascal, chef cuisinier de formation, se remet derrière les fourneaux le soir pour vous offrir une expérience unique de table d'hôtes. Les plats changent au gré de ses envies, en prenant soin de sélectionner des produits frais de saison. Sylvie, qui gère l'intendance de la maison, sait vous mettre à l'aise et être aux petits soins pour ses invités. Un beau duo qui sait recevoir.

■ L'ORÉE DU PARC

9, rue de Pozelle – Montigny-sur-Aube
✆ 03 80 93 58 48
www.chambredhote-oreeduparc.com

Vignobles et Découvertes. Ouvert toute l'année. 2 chambres (jusq'à 5 personnes – Gîte 4/5 personnes 400 € la semaine, à partir de 140 € pour 2 nuits). Chambre double à partir de 80 €. Petit déjeuner inclus. Wifi gratuit. Parking – Terrasse – Dégustations de Crémants – Château de Montigny-sur-aube.

Vous allez être séduit par l'accueil que vous réservent Janice et Jim Campbell, qui depuis l'Écosse ont fait le choix de s'installer à Montigny-sur-Aube, à 300 mètres de son château. Leurs deux chambres et leur nouveau gîte sont confortables tout en offrant une charmante touche de leur pays d'origine. Le *breakfast* est également l'occasion d'un voyage outre-Manche. Suivant le label Vignobles et Découvertes, ils vous conseillent sur les meilleurs plans pour découvrir la route du Crémant ou le Parc national de forêts. L'accueil en français est excellent !

■ LE MOULIN DE LA FLEURISTERIE

4, chemin de la Fleuristerie
Orges
✆ 03 25 01 14 72
www.moulindelafleuristerie.fr
info@artamin.fr

Ouvert toute l'année. Pour 40 personnes. À partir de 75 €/nuit ; location du domaine (salle + gîtes) 1 500 €/nuit. Séminaires. Réceptions et mariages. Service de ménage. Restauration (repas du terroir 25 € ; petit-déjeuner à partir de 12 €). Animations. Excursions (visite du moulin de la Fleuristerie, animations dans la salle de réception, location de vélos).

Emmanuel et Annette Geoffroy ont totalement rénové les dépendances du Moulin de la Fleuristerie dans le but d'accueillir, sur place, jusqu'à 40 personnes. Divisé en plusieurs chambres-appartements, ce gîte permet des courts séjours de 2 personnes mais aussi des réceptions plus importantes, de l'ordre de 90 convives. Car en plus de ces 40 places, les propriétaires ont aussi acquis 50 places d'hôtellerie dans le village. De quoi faire dormir tout le monde lors d'un événement !

■ VILLA VALDEJO

19, rue des Jardinots
Orges
✆ 06 14 12 15 19
www.villavaldejo.com
villavaldejo@gmail.com

Ouvert toute l'année. 4 chambres (2 x 2 places, 1 x 4 places, 1 x 6 places). Chambre double à partir de 100 €. Petit déjeuner inclus. Parking (parking privé gratuit sur place). TV satellite. Excursions (moulin de la Fleuristerie tout proche, qui appartient aux parents de la propriétaire).

Bienvenue à la Villa Valdejo, propriété de Chloé Geoffroy pouvant accueillir 15 personnes. Idéal pour les week-ends entre amis et en famille, la villa est l'ancienne propriété des grands-parents de Chloé. Elle l'a totalement restaurée pour en faire un lieu d'accueil chaleureux et tout confort. En plus de la déco moderne du lieu, retrouvez des petites attentions qui font plaisir lors de votre arrivée : bouteille de champagne, déco pour les amoureux, panier repas ou planche apéritive composée de produits locaux. Tout y est pour passer un séjour inoubliable.

■ LE PETIT BONHEUR 21

34, rue du Roi
Saint-Germain-le-Rocheux
✆ 06 29 94 80 27
www.lepetitbonheur21.com
lepetitbonheur21@gmail.com

Esprit parc national. Gîtes de France (3 épis). Gîte Panda. Ouvert toute l'année. 4 chambres. à partir de 75 €. Petit déjeuner inclus. Lit supplémentaire : 18 € (13 € moins de 12 ans, gratuit moins de 4 ans). Pour 10 personnes (4 chambres). 1 gîte avec 4 chambres. Animaux acceptés. Wifi gratuit. Restauration (table d'hôtes sur demande préalable). Excursions (balades à dos d'âne).

Passez la nuit au cœur de la forêt Châtillonnaise dans cette charmante maison de maître et son imposant corps de ferme alliant confort et authenticité. La maison principale vous ouvre les portes de ses 4 chambres aux thématiques variées. Décoration chaleureuse et literie moderne pour les 4 chambres. Elles bénéficient en plus d'une salle de bains privative. Au total, le gîte peut accueillir jusqu'à 10 personnes et plus particulièrement les cavaliers qui sont à la recherche d'un gîte d'étape pour la nuit. Écuries et garages fermés sont à votre disposition pour que votre monture se repose après une longue journée de randonnée dans le Parc national de forêts.

Pour les amateurs de balades à dos d'âne, ou d'itinérance accompagnés d'un âne, des locations à la demi-journée, à la journée entière et sur plusieurs d'ânes sont possibles. Esther, la propriétaire du gîte, propose également ce service pour que les petits et les grands découvrent les plaisirs de la marche avec un âne.

LA MAISON DE COURCELLES

7, rue Pierre Devignon
Saint-Loup-sur-Aujon
✆ 03 25 84 41 61
www.maisondecourcelles.fr
contact@maisondecourcelles.fr

Esprit parc national. Ouvert toute l'année. Pour un week-end 2 jours 100 € 1 adulte 180 € 2 adultes + 50 € avec 1 enfant + 40 € pour le 2e enfant + 20 € par enfant supplémentaire. Club enfants. Jeux pour enfants. Séminaires. Wifi gratuit. Restauration (cuisine commune pour les 110 places de couchage disponibles). Vente (pain et vente de légumes sur place). Animations. Excursions (activités pour toute la famille tous les jours. Voir agenda sur site web).

La Maison de Courcelles est un tiers-lieu associatif qui fait tout aussi bien colonie de vacances, classes de découverte, week-end famille, centre de loisirs, site pour séminaires et lieu pour les formations professionnelles. Votre famille cherche une location atypique, entourée de nature où les rencontres fortuites et les activités nature fourmillent ? Alors la maison de Courcelles est le lieu idéal pour vos enfants et vous. La cuisine commune, les activités nature et les ateliers éducatifs sont surtout l'occasion de rencontrer de nouvelles personnes et d'apprendre grâce à l'entraide. Apprenez comment s'organise une ruche. Arpentez les sentiers de randonnée pour rencontrer la flore et la faune locales. Découvrez comment fabriquer un panier à l'aide de la vannerie traditionnelle, ou sillonnez le cours de l'Aujon les pieds nus pour des sensations uniques. La Maison de Courcelles vous promet des vacances inoubliables et tournées vers la compréhension de l'autre. Un lieu unique, marqué *Esprit parc national – forêts.*

LA CABANE DES BOIS DE BURE

5, rue de la Planche
Terrefondrée
✆ 07 60 44 17 84
kilougite.fr
lacabanedesboisdebure@kilougite.fr

Ouvert toute l'année. À partir de 90 €/ nuit ; 500 € la semaine. 10 € par personne supplémentaire. Excursions (proche de la Route du Crémant du Châtillonnais et de la Route de la Truffe de Bourgogne).

Imaginez une cabane de rondins de bois au beau milieu d'un massif forestier de 300 ha et vous obtenez la Cabane des Bois de Bure. Autonome, elle produit son électricité *via* des panneaux photovoltaïques et les toilettes sont sèches. Écologique, elle est surtout portée sur le calme et la relaxation. L'accès se fait par le biais d'un escalier qui vous mène à une terrasse de 15 m² de surface. Celle-ci donne directement sur les forêts de Bure-les-Templiers : un paysage idyllique !

PENSE FUTÉ

LES VILLAS DU PARC EN BOURGOGNE*****

2, route de Villiers
Vanvey
✆ 06 82 39 83 05
www.lesvillasduparcenbourgogne.com
lesvillasduparc.enbourgogne@orange.fr

Gîtes de France (4 épis). Ecolabel européen. Esprit parc national. Gîte Panda. Vignobles et Découvertes. Ouvert toute l'année. Pour 20 personnes. La Villa des Promenades, à partir de 250 €/nuit La Villa 1892, même prix. Les Villas du Parc en Bourgogne, à partir de 500 €/nuit. Jeux pour enfants. Animaux acceptés. Wifi gratuit. Service de ménage. Salon de jardin, lave-vaisselle. Bain bouillonnant. Excursions (conciergerie, prestations à domicile, chef à domicile, massages, réflexologie).

Nathalie Pierre, propriétaire passionnée des Villas du Parc, vous accueille au sein de deux maisons typiques de la campagne française de la fin du XIXe siècle. Découvrez la Villa 1892, ancienne propriété bourgeoise restaurée qui conserve son charme d'époque, avec son parquet, sa baignoire d'origine et son salon ouvert sur le parc arboré. Succombez à la Villa des Promenades, ancienne maison des domestiques tout confort. Parc de 1,7 ha clos idéal pour la sécurité des enfants.

GÎTE DU CHÊNE

3, rue du Chêne – Veuxhaulles-sur-Aube
✆ 06 07 84 41 85
giteducheneveuxhaulles.simdif.com
gaecdeschenes21@orange.fr

Gîtes de France (4 épis). Esprit parc national. Bienvenue à la Ferme. Ouvert toute l'année. Pour 8 personnes (3 chambres). Courts séjours : 35 € la nuit/personne, 10€ la nuit/enfant de +10 ans. Wifi gratuit. Excursions (golf à 18 km, rando à 200 m, rando équestre à proximité).

Le Gîte du Chêne est une authentique ferme bourguignonne 4 épis, pouvant accueillir jusqu'à 8 personnes. Le rez-de-chaussée comprend un grand salon-salle à manger ouvrant sur une cuisine et un jardin, idéal pour des moments conviviaux. Les amoureux de la nature, de randonnée et d'équitation apprécieront les grands espaces environnants. À l'étage, 3 chambres ainsi qu'une grande salle d'eau et des WC complètent le confort de ce gîte marqué *Esprit parc national - forêts* et « Bienvenue à la Ferme », il promet un séjour ressourçant dans le calme de la campagne.

CAMPINGS

CAMPING LE VIEUX MOULIN*

2, route d'Aubepierre
Arc-en-Barrois ✆ 03 25 02 51 33
www.arc-en-barrois.com/camping
mairie.arc.en.barrois@wanadoo.fr
Sur la RD 3, à la sortie du village

Ouvert du 1er avril au 30 septembre. Réservation recommandée. 33 emplacements (au bord de l'Aujon). Exposition : ombragé. Sol : herbeux. Emplacement + véhicule + 2 personnes à partir de 13,90 €. Aire camping-car gratuite en basse-saison. Pas d'accès à l'eau potable, aux douches ou aux sanitaires. Jeux pour enfants. Animaux acceptés. Aire pour camping-cars. Wifi gratuit. Restauration (kiosque à pizzas 24/7, buvette l'été). Golf à 300 m.

Le camping Le Vieux Moulin propose 33 terrains ombragés au bord de la rivière Aujon. D'une superficie d'1 ha et classé 1 étoile, on peut y pratiquer différentes activités : pêche, golf (il se trouve à 300 mètres), équitation, pétanque, et une foule d'autres activités à proximité. C'est un véritable havre de quiétude et de verdure, à deux pas du centre-bourg. Pour y aller, empruntez le chemin de balade le long de la rivière qui vous fait arriver sur le parvis de l'église Saint-Martin. Le parking du camping fait aussi aire de camping-car en basse-saison.

■ ECODOMAINE CHEMINS DE TRAVERSE

9, rue du Val Clavin – Auberive
✆ 03 25 84 71 86
chemindetraverse52.org
cin.auberive@ligue52.org

Ecolabel européen. Accès : tentes du 1er juin au 31 août ; Nids d'Amorey du 1er mai au 30 septembre ; roulottes du 15 mai au 31 août ; cabanes nature sur demande. Animations. Excursions (hébergements gérés par le CIN d'Auberive. Accès à toutes les activités du centre. Renseignements et résa auprès du CIN).

Les hébergements des Chemins de Traverse sont un écocamping appartenant au CIN d'Auberive. Sur place, des hébergements insolites permettent une déconnexion numérique et surtout une reconnexion à la nature et au vivant qui nous entourent. Cabanes perchées en autonomie, cabanes forestières sur les abords des sentiers de grande randonnée, tentes nomades et roulottes sont autant d'hébergements disponibles sur un terrain de 4 ha. Pour les amateurs d'activités nature, les sorties et animations du CIN sont réservables le temps du séjour.

■ CAMPING MUNICIPAL LOUIS RIGOLY**

Esplanade Saint-Vorles
Châtillon-sur-Seine
✆ 03 80 91 03 05
camping-chatillon-sur-seine@orange.fr

Ouvert de mai à fin septembre. Réservation recommandée. Accueil jusqu'à 20h. Terrain de 0,8 ha. 50 emplacements. Exposition : ombragé. Emplacement + véhicule + 2 personnes à partir de 16,50 €. 2 mobil-homes pour 1 à 4 personnes de 325 € à 440 € la semaine. Location de mobil-homes de 325 € à 440 € la semaine pour 1 à 4 personnes. Chèque Vacances. Jeux pour enfants. Animaux acceptés (si vaccinations à jour). Aire pour camping-cars. Wifi gratuit. Piscine municipale à 50 m.

Ce camping chaleureux a pour objectif de vous permettre de vous reposer dans les meilleures conditions. Séjournez dans un lieu naturel et végétalisé propice à la détente. Les 50 emplacements dont deux mobil-homes vous permettent de profiter d'un séjour confortable et calme. La piscine municipale couverte avec des prix préférentiels pour les campeurs est à deux pas, ainsi que l'église Saint-Vorles et plusieurs commerces. La vue depuis le camping est imprenable sur la vallée de la Seine et Châtillon. Possibilité de faire la vidange des eaux grises des camping-cars.

■ LE CAMPING DU MARAIS

Route D13
21570 Riel-les-Eaux (France)
✆ 06 80 10 32 87
www.campingdumarais-riel.com
cavinbernard@orange.fr

Emplacements ouverts du 29 mars au 31 octobre 2025, toute l'année pour les roulottes. Roulotte à partir de 61 € la nuit.

Le Camping du Marais est un lieu charmant placé au cœur du Parc national de forêts. Il est proche de l'Ource et de deux plans d'eau : l'un pour la baignade (non surveillée), l'autre pour la pêche (carpodrome). Sur place, 18 emplacements ombragés vous permettent de profiter de la tranquillité des lieux. En marge des emplacements, trois roulottes de conception récente sont disponibles toute l'année. Pouvant accueillir de 2 à 5 personnes, elles disposent de tout le confort avec chambre, salon, cuisine et salle d'eau. Un petit havre de paix proche de la nature.

CAMPING DE LA VALLÉE DE L'AUBE

Soulon
Rouvres-sur-Aube
✆ 06 74 06 30 05
www.camping-rouvres.fr
mairie-de-rouvres-sur-aube@orange.fr

Ouvert toute l'année. Réservation recommandée. 18 emplacements (emplacements camping-car). Exposition : mi-ombragé. Relief : plat. Parking hors emplacements. Emplacement + véhicule + 2 personnes à partir de 8,80 €. 3 chalets jusqu'à 8 personnes à partir de 150 € la semaine. 3 €/adulte. Jeux pour enfants. Animaux acceptés. Aire pour camping-cars. Vente (supérette ouverte en été).

Le camping de la Vallée de l'Aube est ouvert toute l'année et propose 18 emplacements pour tentes ou camping-car, 2 mobil-homes et 3 chalets. Ces derniers accueillent jusqu'à 8 personnes. Sur le site, il y a une rivière où la pêche est autorisée, mais aussi des jeux pour enfants et une piscine (ouverte de juin à septembre), un court de tennis, des sentiers de randonnée et un service de location de VTT. Si besoin, les gérants vous conseillent sur les activités et les visites à faire !

HERBERIE DE LA TILLE

4, rue des Quatre-Noyers
Villemervry
Vals-des-Tilles
✆ 06 13 84 44 54
www.herberiedelatille.fr
herberiedelatille@gmail.com

Esprit parc national. Fermé d'octobre à mars. Réservation impérative. Exposition : ensoleillé. Sol : herbeux. Relief : vallonné. Tipi, tarifs pour une nuit pour les adultes : 1 Adulte : 45 €, 2 Adultes : 65 €, 3 Adultes : 90 €, 4 Adultes : 120 €, 5 Adultes : 160 € ; roulotte : 50€/1 pers, 75€/2 pers. Vente (vente de plantes médicinales et d'herbes aromatiques).

L'herberie de la Tille est située dans un beau site naturel vallonné, au cœur des forêts du Parc national. Dans le jardin, découvrez un tipi qui peut accueillir jusqu'à 5 personnes, ainsi qu'une roulotte de 2 places. C'est une location insolite et proche de la nature où dépaysement et relaxation sont au rendez-vous. Côté sanitaires, profitez d'une cuisine mobile partagée entre la roulotte et le tipi, ainsi que des toilettes sèches et une douche. Adeptes de nature, Elsa sera ravie de vous conseiller quant aux excursions à faire dans les environs.

INDEX

E

F

G

H

J

L

M

PENSE FUTE

EDITION

Directeurs de collection et auteurs : Dominique AUZIAS et Jean-Paul LABOURDETTE

Auteurs : Aurélien MALHERBE, Jean-Paul LABOURDETTE, Dominique AUZIAS et alter

Directeur Editorial : Stéphan SZEREMETA

Rédaction France : Briséis TEMPLE-BOYER, Désirée DEBANT, Emilie SAINT-PASTOU, Nicolas WODARCZAK

Rédaction Monde : Laure CHATAIGNON, Morgane VESLIN, Pierre-Yves SOUCHET, Henri FRUNEAU

FABRICATION

Maquette et Montage : Romain AUDREN, Julie BORDES, Delphine PAGANO

Iconographie et Cartographie : Anne DIOT, Julien DOUCET

WEB ET NUMERIQUE

Directeur Web : Louis GENEAU DE LAMARLIERE

Technical Project Manager : Hervé MARION

Développeurs : Adeline CAUX, Bastien MOINET

Intégrateur Web : Mickael LATTES, Antoine DION

Webdesigner : Caroline LAFFAITEUR

Responsable Communication Digital WEB : Alice BARBIER

Community Traffic Manager : Shirley NDEMA-KINGUE, Liman DIEW et Maëlys ANDRADE

Content Manager : Aliénor de PERIER assistée de Maureen EVRARD

DIRECTION COMMERCIALE

Directeur commercial : Guillaume VORBURGER

Responsable Régies locales : Michel GRANSEIGNE

Responsable commercial Régies et Formateur : Kévin FLAVIGNY

Coordinatrice des Régies locale et nationale : Manon GUERIN

Responsables Développement régie inter : Jean-Marc FARAGUET et Guillaume LABOUREUR et Camille ESMIEU

Coordinatrice de la Régie internationale : Leila ANTRI-BOUZAR

Chefs de Publicité Régie nationale : François BRIANCON-MARJOLLET, Perrine DE CARNE MARCEIN, Jonathan TOUTOUX, Elodie DELATOUR

DIFFUSION ET PROMOTION

Directrice des Ventes : Bénédicte MOULET assistée d'Aissatou DIOP

Responsable des ventes : Jean-Pierre GHEZ assisté de Nelly BRION

Relations Presse-Partenariats : Noémie BOIDANA

ADMINISTRATION

Président : Jean-Paul LABOURDETTE

Directeur général : Louis AUZIAS

Directrice des Ressources Humaines : Dina BOURDEAU assistée de Sandra DOS REIS et Eva BAELEN

Directrice Administrative et Financière : Valérie DECOTTIGNIES

Comptabilité : Guillaume PETIT, Aminata BAGAYOKO, Franck LAHADY et Touria ZENASNI

Recouvrement : Fabien BONNAN assisté de Sandra BRIJLALL

Responsable informatique : Atik MAHJOUBI

CARNET DE VOYAGE PARC NATIONAL DE FORÊTS

LES NOUVELLES EDITIONS DE L'UNIVERSITE
18, rue des Volontaires - 75015 Paris.
✆ 01 53 69 70 00 - Fax 01 42 73 15 24
Internet : www.petitfute.com
SAS au capital de 1 293 680 € - RC PARIS B 309 769 966
Couverture : © Rozenn Krebel
Impression : IMPRIMERIE CHIRAT - 42540 Saint-Just-la-Pendue
Achevé d'imprimer : mars 2025
Dépôt légal : 05/04/2025
ISBN : 9782370573131

Pour nous contacter par email, indiquez le nom de famille en minuscule suivi de @petitfute.com
Pour le courrier des lecteurs : info@petitfute.com

IMPRIMÉ EN FRANCE

PEFC
10-31-1895
Certifié PEFC
Ce produit est issu de forêts gérées durablement, de sources recyclées et contrôlées
www.pefc-france.org